CRIANDO
REYES

JACKIE GOUCHÉ

KP PUBLISHING COMPANY

ISBN: 979-8-9857184-9-2 (Paperback)
ISBN: 979-8-9857184-4-7 (eBook)
Library of Congress Control Number: 2022922126

Diseño de Portada: Juan Roberts
Director Literario: Sandra Slayton James
Traducción: Patricia Canton

Published by:

KP Publishing Company
Publisher of Fiction, Nonfiction & Children's Books
Valencia, CA 91355
www.kp-pub.com

Impreso en los Estados Unidos de América

Este libro está dedicado a LaRenee Ervin, mi amiga de "pasar el rato y jugar con los niños". ¡Por enseñarme la diferencia entre un tiro de bandeja y un tiro con salto, y por enseñarme a ejecutar ambas! Por ayudarme a nutrir a mi marimacho interior, lo que me permitió estar mejor equipada para ser madre soltera de tres niños. Por hacerme reír más que cualquier otra persona que haya conocido y por decirme la verdad incluso cuando no quería escucharla. Gracias por darte la vuelta y tomarnos una foto a mí y a los niños ese día que los llevamos a la playa. Y gracias por hacer borrosa las líneas entre hermana/amiga/tía y convertirte en una parte tan importante de mi vida que no sería quien soy si no nos hubiéramos conocido.

Descansa en el Cielo

REVERENCIA PARA CRIANDO REYES

Han pasado más de veinte años desde que conocí a Jackie Gouche. Recuerdo sentarme en la iglesia los domingos por la mañana, escuchar su hermosa voz y disfrutar del servicio. No mucho después, Jackie y yo nos hicimos amigas y adopté a sus tres hijos en mi corazón y su vida como que fuera la mía propia. He tenido un asiento en primera fila en las dificultades y la belleza de la familia Gouche-Farris. No me da mayor alegría que estar al margen y verla compartir su increíble historia con el mundo. Lo que Jackie y sus hijos han podido superar servirá como fuente de fortaleza, aliento e inspiración para todos los que lo lean. ¡Dios lo bendiga mientras lees **CRIANDO REYES!**

Tasha Smith
Actriz, Directora y Productora

ÍNDICE

PREFACIO

Dios me bendijo por haber dado a luz a unos de los hombres más asombrosos que uno podría tener el placer de conocer. Me han dicho en numerosas ocasiones que tengo un útero mágico, y creo que puede haber algo de verdad en esa afirmación. Me siento constantemente humilde y asombrada de en quienes se han convertido mis hijos.

Tanto Ronald y yo, ambos venimos de hogares quebrantados con ambientes tóxicos plagados por alcoholismo, drogadicción y pobreza. Nuestra cultura religiosa, pero insalubre fue la experiencia de nuestros abuelos y nuestros padres, y eventualmente, se convirtió en una parte rutinaria de nuestra niñez. Vivíamos en una comunidad en donde la violencia pandillera venía con el territorio, y la seguridad nunca era garantizada. Bajo estas circunstancias aún pudimos criar reyes.

"¿Cómo lo hicieron?" Esta es la pregunta que usualmente escucho con respecto a mis hijos. A pesar de todo, no puedo tomar personalmente el crédito de su inteligencia innata y de sus dones. Su padre y yo tuvimos mucho que ver con el tipo de hombres que se han convertido.

Afortunadamente, nos convertimos en padres un poco antes que la ola de redes sociales arrasara con la sociedad. Los celulares eran un lujo reservado para los ejecutivos de negocios adinerados. Las computadoras portátiles eran simplemente modelos conceptuales voluminosos que aún no habían incursionado en el flujo de trabajo convencional. IPads eran dispositivos imaginarios que nacieron del episodio oscuro de Los Jetsons o Star Trek. Ninguno de estos avances tecnológicos ni siquiera existían, estos que nos arrebatan cada momento libre; no había Instagram, Facebook, Tik Tok o Twitter. Nuestras mentes subconscientes no fueron programadas para tener la mirada en dispositivos móviles para entretenimiento; por herencia nos mirábamos el uno al otro. Íbamos a nadar, jugábamos juegos de cartas, scrabble, baloncesto en el parque, viajes a la playa, jugábamos en la arena, montábamos bicicletas, go-karts, vacacionábamos en la nieve, jugábamos raqueta, íbamos a jugar boliche, íbamos a las prácticas de bateo, jugábamos de luchas en el piso de la sala, y nos hacíamos cosquillas hasta que se nos iba la respiración. Tiempo de calidad para nosotros solía ser tan natural.

Hoy en día siempre hay una pantalla LCD demandando nuestra atención. El tiempo de calidad tiene que ser cuidadosamente planeado y ejecutado. Los principios que gobiernan el comportamiento humano son verdaderos, ya sea que hayas nacido en el siglo veinte o veintiuno. A pesar de que las cosas son muy diferentes hoy en día, de lo que eran cuando yo estaba criando a mis hijos, los principios no cambian. Las prácticas que funcionaron para mí en los años ochenta y noventa aún funcionan el día de hoy. Cosas como; sea atento, paciente, amoroso pero firme, sin miedo, ponga las necesidades de sus hijos antes que las suyas, enséñales a sus bebés todo lo que sabe, y guiándolos a alguien que les pueda enseñar lo que usted no sabe.

Todas mis experiencias han reforzado la noción que los principios espirituales o leyes operan constantemente ya sea que uno crea en ellos o no. Dos leyes que considero que tienen un gran impacto son (1) La Ley Causa y Efecto y (2) La Ley de Compensación. Ambas leyes nos recuerdan que nuestras circunstancias actuales son el resultado directo de nuestras decisiones pasadas. Estas dos leyes se impregnan en cada aspecto de la vida. El alineamiento con ellas se conviete especialmente vital durante las primeras etapas en la crianza de los hijos. En cambio no estar alineado con ellas o bien la completa ignorancia de estas leyes puede conducir al sufrimiento del niño en circunstancias perjudiciales por lo cual el padre es responsable.

La ley de causa y efecto dice que por cada acción corresponde una reacción. Cada reacción tiene un efecto dominó que llega más allá de nuestra esfera de conocimiento y perdura a lo largo de nuestras vidas y más allá. La ley de compensación principalmente dice que cosecharás lo que has sembrado. El respeto que mis hijos hoy me tienen es el resultado directo del amor que les di y la disciplina que ejercí con ellos cuando eran más jóvenes. Yo decidía que era mejor para ellos y se los hice ver muy claramente que yo era la que tomaba las decisiones hasta que ellos estuvieran una edad en donde pudieran tomar sus propias decisiones. Y con cada decisión que tomaba, tenía su mejor interés en el corazón. El éxito que mis hijos experimentan ahora empezó desde el día que me senté con ellos de niños y les enseñé el abecedario, y el día que decidí parar a mis pequeños cerca del piano y enseñarles la teoría de la música. El día que escogí rechazar un tour con Stevie Wonder para quedarme en casa y cuidar de mis bebés empezó un curso de eventos que eventualmente se convirtió en darles un ambiente estable. Éste aporte vital en la crianza que necesitaban durante sus años de formación permitió que ellos se convirtieran en personas espiritual y emocionalmente saludables.

Sabía la importancia de enseñarles a mis niños a leer. Recuerdo tan vívidamente cuando mi mamá me enseñaba a mí como leer mucho antes que empezara la escuela y como resultado, siempre fui una de las niñas más inteligentes de mi clase. Pero debo de ser honesta con usted y admitir que en el momento que decidí enseñarles música estaba completamente inconsciente del impacto que tendría en sus vidas. Sólo hacía lo que me hubiera gustado que mis padres hicieran conmigo. Empecé a tomar clases de piano cuando tenía siete años, pero como no me gustaba mi maestra le dije a mi mamá que no quería seguir con las lecciones y ella accedió. A los 14 años cuando llegué a High School, estaba muy enojada con ella porque no me insistió que continuará con mis lecciones de piano cuando yo tenía siete años. Entonces, yo decidí en ese momento muy temprano en mi vida que cuando yo tuviera mis propios niños yo les enseñaría música, quisieran o no aprenderla. Créanme, hubo muchos momentos en donde no querían aprender música, pero como la que tomaba las decisiones en mi casa era yo, no dude en forzarlos a hacerlo.

RON RON

Cuándo conocí a mi esposo en 1983, él ya tenía un hijo de su primer matrimonio—Ronald II, o "Ron Ron", como cariñosamente se le decía. Considerando que la mayor parte de padres solteros son mujeres, pensé que era admirable que Ronald fuera un padre soltero, criando a su hijo por sí solo. Ron Ron tenía nueve años cuando Ronald y yo empezamos a salir. Era un hombrecito muy adorable, y él me dio la bienvenida a su vida como si fuera el destino. Trabajaba como mesera en ese tiempo.

Ronald traía a Ron Ron al restaurante a comer para pasar tiempo conmigo. Pero no me dijo esto hasta mucho después que nuestros hijos nacieron, que él oró y le pidió a Dios que sólo le diera hijos varones. ¡Dios respondió a sus oraciones!

Cuando las personas están esperando, usualmente usan la frase "tendremos un bebé". Aunque la afirmación es justa realmente es incompleta porque no sólo están teniendo un bebé . . . ¡Usted está teniendo una persona! Usted está agregando un humano más a este mundo y usted es responsable de lo que esa persona pueda contribuir a, o restarle a la sociedad. Dará a luz ya sea a un activo o un pasivo. Guarda en su vientre un mundo de potencial. El poder de guiar y formar está en sus manos.

Hubiera sido agradable que mi esposo y yo nos hubiéramos tomado el tiempo cuidadosamente de planear nuestra familia, decidiendo desde antes cuántos hijos tendríamos y cuando los tendríamos; Pero no lo hicimos. A la joven edad de 21 años, di a luz a mi primer hijo Davion.

Daniel nació tan sólo 11 meses después y 13 meses después de Daniel, Sir Darryl nació. Me alegro mucho que Dios sabía exactamente lo que estaba haciendo porque Ronald y yo ciertamente no. Nuestros hijos simplemente fueron el resultado de la gracia de Dios y buen sexo. Tuvimos nuestras dificultades, pero eso no nos detuvo para poder darle prioridad a nuestros hijos y eventualmente convertirnos en los mejores padres que podríamos ser.

¿Me he preguntado a mí misma con frecuencia si lo haría otra vez, si haría las cosas diferentes? Si esperaría hasta que estuviéramos financieramente estables antes de tener hijos? Si planearía cada embarazo cuidadosamente y espaciarlos más, cada tres años? ¿O esperaría hasta que fuéramos dueños de nuestra propia casa antes de convertirnos en padres? Todas esas opciones parecen tener un sentido perfecto. Pero para hacerle honesta la respuesta es; no cambiaría ni una sola cosa. Nuestra forma azarosa de convertirnos en una familia permitió las tres más grandes bendiciones de mi vida. Convertirme en madre de esos niños me dio mi razón para hacer todo lo que hice. Ellos eran mi motivación detrás de cada meta que quería alcanzar. Eso no significa, sin embargo, ¡que yo recomendaría a las parejas jóvenes de hoy que lo hagan de esta manera absolutamente no!

Vivimos en tiempos diferentes, con diferentes valores, y con una economía diferente. Hubo una época en donde uno podía graduarse de la universidad, conseguir un trabajo, casarse, comprar una casa, y tener 2.5 hijos, y tener un perrito y vivir felices para siempre. Esos días han desaparecido. En la sociedad del día de hoy, con el costo de la educación, con la escasez de buenos trabajos, la barrida cansada de las redes sociales, y los precios de la vivienda por las nubes, el modelo anterior es obsoleto.

¡La paternidad no es para los débiles de corazón! No es algo que debe tomarse a la ligera, ser padre es una de las cosas más desinteresadas que puede hacer. Así que, antes de la concepción debe preguntarse usted mismo, ¿"Qué tan egoístas? "una vez usted se convierta en padre, su vida se acaba. Antes de escoger tener niños debe de considerar si está dispuesto a invertir cantidades masivas de tiempo que sean necesarias para ser un buen padre. ¿Está dispuesto a anteponer ese ser humano en miniatura antes que usted mismo? ¿Está listo para renunciar a una noche de un buen descanso? ¿Salir con los amigos? Happy Hour? ¿Está dispuesto hacer un auto sacrificio de su forma de vivir? Aunque conteste "no" a una o a todas estas preguntas, déjeme alentarlo. Muchas de las cualidades que parece que no posee de repente vienen en forma natural una vez sostenga a esa personita en sus brazos. ¡Si se encuentra esperando inesperadamente, Siéntase feliz!

Porque está leyendo este libro, se puede imaginar o asumir el final de esta historia — la de Ron Ron, Davion, Daniel, y Sir Darryl Farris se convirtieron en hombres increíbles. Pero lo que quizás no sepa es cuánto tuvimos que superar en nuestra travesía de ser padres, que empezó cuando estamos en medio de unas circunstancias extremadamente difíciles. Hubo una gran cantidad de elementos que jugaron en nuestras vidas durante ese tiempo: Familias de origen rotas, religión, adicción a las drogas y encarcelación, por nombrar algunas. Si no contara la historia uno, nunca sabría los obstáculos que hemos conquistado. Observando nuestra familia desde afuera, podría asombrarse de lo que tomó darse cuenta de la vida que hoy disfrutamos.

En las siguientes páginas, compartiré con ustedes cómo la mano de Dios nos guió mientras estamos superando nuestras dificultades. Su milagroso poder no sólo nos detuvo en destruirnos a nosotros y a nuestros hijos, pero bendijo a nuestra familia para que exitosamente pudiéramos vivir el destino que fue diseñado para nosotros muchísimo antes de qué estuviéramos consciente de él . También les compartiré las alegrías y los retos en el aprendizaje de cómo navegar el gran privilegio de ser padres y la sabiduría que hemos obtenido en el proceso de *Criando Reyes*.

INTRODUCCIÓN

La música pintó las paredes de mi hogar de mi niñez. Para muchas familias un tocadiscos o un radio era el centro de mesa musical.

Para mi familia, era el piano. Desde mi tatarabuela hasta mis hijos, el don de la música pasa a través de nuestro ADN. La bella voz soprano de mi madre resonaba a través de nuestro hogar en lo más profundo de mi memoria. La escuchaba y veía como se acompañaba ella misma con el piano, no entendía la magnitud de su increíble talento. Ella empezó a cantar y a tocar en la iglesia desde los 13 años, y eventualmente viajó en el mundo como una vocalista de fondo. Mi madre, Betty Gouche, tenía una voz comparable con la de Aretha Franklin y tenía la misma habilidad con el piano. Brevemente firmó con Capitol Records, pero su carrera como solista nunca abandonó la pasarela. Ella decidió mejor quedarse en casa y enfocarse en mis hermanos y en mí. Ella y mi padre se divorciaron cuando yo tenía nueve años. Me dejó con un vacío que pasé años tratando de llenar.

Empecé a tomar lecciones de piano a los siete años, y mi madre le compró a mi hermano Andrew su primer bajo (guitarra) a los 14 años.

Cuando era tiempo para mí asistir a la escuela secundaria, Andrew insistió que me inscribiera en Crenshaw High por el maestro de música, Sr. Bernie Dunlap. Sr. Dunlap era un brillante pianista de música clásica con un estándar de excelencia musical excepcional. El inmediatamente me acogió bajo su ala y me dio lecciones de piano gratis.

Por los siguientes tres años, mi relación con el Sr. Dunlap floreció en una relación amorosa de padre e hija. Él me enseñó y fue mi mentor en todas las cosas musicales. Él también me presentó con cada oportunidad posible para actuar y competir. Después de las mejores experiencias fue cuando audicioné para un grupo de artes escénicas llamado *Young Americans*.

Fui aceptada en el grupo y un par de meses después actúe en nuestro *Show Del Nuevo Niño (New Kid Show)*, me pidieron que fuera a un Tour. En mi segundo semestre de mi tercer año de la escuela secundaria, tuve el placer de viajar alrededor del país tocando música de Rogers and Hammerstein con un grupo de gente joven en todo el país. Milton Anderson, el fundador del grupo me presentaba al inicio del show "Con ustedes de 16 años Jackie Gouche…. Jackie."

"Raindrops on roses and whiskers on kittens, bright, copper, kettles, and warm, woolen mittens. Brown paper, packages, tied up with a string, these are a few of my favorite things." Esta increíble e inolvidable experiencia marcó la barra para el resto de mi vida musical.

El Tour duró cinco meses. Tuve que asistir a la escuela de verano para ponerme al día en las clases que había perdido. Cuando se acercaba mi graduación, planeaba asistir a la universidad para obtener un título en música, y luego tener credenciales para poder enseñar, y tener un patrón de vida como el Sr. Dunlap. Sin embargo, después del primer semestre en Long Beach State, me salí de la universidad y tomé un rumbo diferente. Hubo una oportunidad que se abrió para el primer soprano en el club de Praise The Lord (PTL) con Jim y Tammie Faye Bakker. Mandé un cassette de audición cantando *God is Truly Amazing "(Dios es verdaderamente asombroso)* por Denise Williams, y en una semana fui contratada. A la edad de 18 años me mudé a Carolina del Norte, donde tuve el privilegio de actuar diariamente en televisión nacional. Lunes a viernes, mi madre y mi abuela se llenaban de orgullo y emoción cada mañana que encendían en el canal nueve para verme cantar.

La emoción de estar en televisión todos los días me duró tan sólo unos meses. Empecé a extrañar a mi familia y mi hogar en Los Ángeles. Fue durante este tiempo que también sentí mi primer indicio del deseo de convertirme en madre. El vacío qué quedó del divorcio de mis padres todavía estaba vivo y muy dentro de mí y me imaginé poder empezar de nuevo con mi propia familia.

Cuando me veía con hijos, veía una niña, a una mini Jackie. Quería tener una bebita para poder corregir los errores que yo sentí que mi madre había hecho conmigo. Entiendo que mi madre hizo lo mejor que pudo con las herramientas que sus padres le dieron, pero aprendí una lección muy valiosa como resultado de estas cosas que me sucedieron de niña. Estas experiencias indudablemente me prepararon a ser más atenta, cuidadosa, una madre enfocada en la que eventualmente me convertiría.

¡Me imaginaba bañando a mi niña bebé con todo el amor que mi madre me dio a mí y más! Mi hija se convertiría en mi vida. No le alisaría el pelo. Pacientemente cuidaría de sus colochos naturales hasta que le crecieran hasta su cintura. Me interesaría saber desde temprana edad cuáles serían sus intereses y la apoyaría para que los pueda perseguir, con la música sería así, le enseñaría a tocar el piano, me aseguraría que nunca se diera por vencida. Le enseñaría a cantar, y cantaríamos juntas seguido. ¡Nunca hubo una duda en mi mente que ella tuviera el don vocal como su madre— y su madre— y su madre!

CRIANDO REYES

No le permitiría a ella pasar la noche en la casa de la niñera. No me iría de gira. Sería una madre que se queda en casa hasta que se fuera a la universidad. Contrataría a tutores si fuera necesario y me aseguraría que asistiera a las mejores escuelas. Conocería a sus consejeros académicos para que pudiera estar preparada para el éxito en su educación. Sabría que sucede en su vida en todo momento y me haría amiga de sus amigos tanto hombres como mujeres. Haría que mi casa fuera el lugar donde se mantuviera con sus amistades para que pudiera tener un ojo más de cerca con ella.

Mucho antes que conociera a mi esposo, pasaba mucho tiempo pintando imágenes vívidas en mi mente de qué tipo de madre sería. Aunque esta imagen nunca incluía hijos varones eso fue lo que se convirtió mi realidad y que hermosa realidad se ha convertido.

Éste no es un libro de cómo ser padres. Ésta es simplemente mi historia de mi experiencia en Criando Reyes. Como Dios, el creador del universo poderoso y le dio habilidad a mi esposo y a mí para superar dificultades aparentemente insuperables incluyendo adicción, encarcelación, y siete años como madre soltera. Es la experiencia de una joven mujer de raza de color con piel oscura y pelo rizado, quien creció en una era donde las imágenes de belleza no incluían ninguna de esas cualidades. Como resultado, la joven mujer de raza oscura sufría de poca autoestima y le faltaba confianza en sí misma con la excepción de un área. Ella había heredado el don la música de su madre. Ese don se convirtió en su fortaleza— se convirtió en su vida. Y ella les heredó este don a sus hijos.

Este es para el amor, para las madres que están afligidas, es para ese soñador en esa clase que tiene bajo rendimiento. Es para creyentes cuya fe es todo lo que los mantiene respirando. Es el Jardín del Edén, es para todos mis paganos. Este es para Inglewood, tanto en Chicago como en Cali. Este es para Manchester y Crenshaw, para Rally's. Los momentos felices están esparcidos a lo largo de la mitad de estas tragedias. En realidad, empiezo a aceptar el cambio. Es seguro decir que el crecimiento es un proceso incómodo y el dolor es una inversión necesaria para el progreso. Hago hincapié en que, si alguna vez te enfermas o te lastiman en contra de tu voluntad, es solo una prueba de Dios, esta es nuestra prueba, ah, sí. Esta vez va a ser diferente. Bendeciré al mundo con citas honestas en cada oración y mejoraré cada momento tal como lo mencionó Beverly. Tiempos duros, pero nunca rencores, me quedo para siempre implacable.

VAMOS!
D Smoke
(Daniel Anthony Farris)

CAPITULO UNO

NIÑOS BEBES

Ronald y yo nos conocimos tres años después de que me gradué de la secundaria (High School) en el otoño del año 1983. Acababa de regresar a Los Ángeles de Charlotte, Carolina del Norte, dónde viví y trabajé como PTL. Como cantante por un año. Ron se convirtió en un miembro de la iglesia en donde asistía desde adolescente. Y cultivó una relación con mi madre y mis hermanas, Pat y Malinda, mientras no estaba. A mi tía Pat le preocupaba que yo fuera un reincidente porque no asistía a la iglesia con frecuencia. Así que le preguntó a Ronald si me llamaría y me ayudaría a regresar al camino espiritual correcto. La primera vez que Ronald me llamó, hablamos durante varias horas. Al final de la conversación, ambos reconocimos que estaba sucediendo algo especial. Hablamos de nuevo la noche siguiente y la siguiente. Esto continuó todas las noches durante dos semanas hasta que finalmente decidimos reunirnos en persona. Arrastrados por un torbellino de amor, nos comprometimos a los tres meses y quedé embarazada en marzo de 1984. Nos casamos el mes siguiente, el 27 de abril. A Ronald y a mí nos apasionaba nuestra relación con Dios y, desde mi perspectiva ingenua, eso fue suficiente para que tuviéramos un matrimonio exitoso y feliz. Los primeros meses, sin embargo, no fueron en absoluto lo que esperaba. Como muchas otras familias, Ron venía de un hogar plagado de disfunciones. Su madre fue presa de la epidemia de heroína de los años sesenta, y estuvo entrando y saliendo de prisión durante la mayor parte de su infancia, dejándolo a él y a sus cuatro hermanos a cargo de su abuela, Essie Burkley. Cuando nos conocimos, Ron solo había estado sobrio durante ocho meses debido a su adicción a la cocaína y crack, y antes del día de nuestra boda, había comenzado a consumir nuevamente. La idea de drogarme no me era ajena porque de adolescente fumar marihuana había sido un hábito diario. La frustración de lidiar con un esposo nuevo que luchaba contra la adicción me facilitó reavivar mi relación con la hierba.

Nos vimos obligados a mudarnos de nuestro primer apartamento en la Décima Avenida y la Calle Sesenta y Tres porque estaba ubicado justo en el corazón de un vecindario infestado de pandillas y crack. Mi madre, que había sido administradora de propiedades durante varios años, me consiguió un trabajo administrando un pequeño complejo de apartamentos. Lo que no nos dimos cuenta en ese momento fue que íbamos del sartén al fuego. El edificio estaba ubicado en Gelber Place y Pinafore Street, en un área conocida como "la jungla". En 1984, la jungla era solo eso: un matorral denso y enredado lleno de vida salvaje. Los negocios de drogas, los estafadores y la violencia de las pandillas eran comunes en esa área y fui ingenua al pensar que podríamos sobrevivir en ese ambiente.

Durante uno de sus breves períodos de sobriedad, Ronald apareció en un programa de juegos llamado Scrabble, presentado por Chuck

Woolery. Estuvo cerca de ganar veintiún mil dólares, pero sólo ganó seis mil. Esta fue una bendición disfrazada porque si hubiera ganado la mayor cantidad, podría haberse muerto fumando. Cuando recibió sus ganancias, me dio dos mil dólares. Le dio otros dos mil a la abuela Essie y gastó los últimos dos mil dólares en cocaína en polvo.

Supe que tan pronto como recibió el dinero se iba a drogar. Tenía miedo de que desapareciera y no quería el estrés de preocuparme de que le pudiera pasar algo, así que le pedí que se quedara en casa. Durante cinco días seguidos, cocinó y fumó, sin ni siquiera tomar un descanso para comer o dormir. Después de ver a mi esposo hechizado por esta droga, por curiosidad, tomé la desafortunada decisión de preguntar si podía "probarla". Dejé mi cigarrillo y tomé la pipa de mi esposo, completamente inconsciente del pozo negro en el que me estaba sumergiendo. Ronald intentó evitar que diera mi primer jalón, pero cuanto más decía "no", más me enojaba. ¿Cómo se atrevía a tratar de decirme lo que no podía hacerlo, especialmente cuando él lo había estado haciendo sin parar durante una semana entera? Lo que debería haberme preocupado era volverme como él. No sé por qué ese pensamiento nunca se me pasó por mi mente, pero, después de dar ese primer jalón, todo lo que podía pensar era en dar otro. Me enganché de inmediato. Afortunadamente, tenía una cita ese día para hacerme una trenza en preparación para el nacimiento de mi primer bebé.

Pasé cinco horas en el salón de pelo. Me resultaba difícil concentrarme porque me preguntaba si Ron se quedaría sin drogas antes de que yo regresara a casa. Tan pronto como terminé la última trenza, me apresuré a casa para satisfacer el deseo que se había estado despertando en mi interior. Cuando regresé, solo había suficiente cocaína para el resto del día. Esa noche haríamos todo lo posible por calmarnos y hacer un patético intento de normalidad.

DAVIÓN

Tres semanas antes de mi fecha de parto, el 24 de noviembre de 1984, alrededor de las 11:30 p. m., sentí una sensación de tirantez que comenzó en el abdomen y se deslizó hasta la parte baja de la espalda. Duró sólo uno o dos minutos, y al principio no le di mucha importancia, hasta que quince minutos después volvió a suceder. Miré el reloj y esperé a que se calmara. Todavía sin estar segura de lo que estaba pasando, esperé. Exactamente quince minutos después, volvió a suceder y continuó como un reloj durante varias horas. Sabía que estaba en labor de parto, pero en realidad no era tan doloroso, al menos no todavía. Fue suficiente para evitar que tuviera una buena noche de sueño. Traté de quedarme en la cama todo el tiempo que pude, pero a las siete de la mañana del día siguiente, las contracciones comenzaban a ser más cercanas e intensas.

A las once de la mañana, me pego mi primer dolor de parto real. Fue lo suficientemente severo como para hacerme llorar, más severo que cualquier cólico menstrual que haya experimentado, y no podía imaginar que empeorara. Llamamos al hospital y nos dijeron que esperáramos hasta que las contracciones tuvieran cinco minutos de diferencia antes de entrar. En ese momento, pensé que me estaba muriendo y prometí que este bebé sería hijo único. Llegamos al hospital a las 4 p. m. e inmediatamente me llevaron a la sala de partos donde la enfermera comenzó a ponerme una vía intravenosa en el brazo y a colocar sensores en mi estómago.

Mi madre nunca habló sobre cómo era tener un bebé, así que no tuve un marco de referencia durante el proceso de parto. Cada conversación con el médico y cada artículo o libro que leí hasta el día de hoy fue solo teoría. Cada vez que escuchaba la palabra contracción no había una comprensión real. Nada de lo que jamás imaginé podría haberme preparado para lo que estaba experimentando. ¡Fue doloroso, pero emocionante, aterrador, pero asombroso! La sensación de ser pateado desde adentro es mágica, y solo es superada por la euforia de conocer a esa personita por primera vez. La única manera de que alguien sepa lo que es dar a luz es hacerlo.

No recuerdo la razón exacta, pero el doctor me dijo que quería evitar darme una epidural, así que sentí toda la fuerza de cada contracción. La enfermera Aimee fue muy atenta y dulce y me hizo sentir como si realmente le importara. Recuerdo vívidamente su nombre porque lo grité varias veces. Le supliqué que me diera algo para el dolor por cada contracción, las cuales eran cada vez más intensas que la anterior.

La enfermera Aimee obtuvo la autorización del médico para darme algo que me ayudara a aliviar el dolor. Me inyectó unos miligramos de Demerol por vía intravenosa, lo que me permitió descansar un poco. El alivio solo duró como una hora y estaba demasiado dilatada para que me dieran algo más, así que tuve que aguantar hasta llegar a por lo menos nueve centímetros.

"¿Puedo empujar ahora?" Debo haber hecho esa pregunta al menos una docena de veces antes de escuchar las palabras "bien, señora Farris, ¡es hora!". Nadie me había dicho nunca que los músculos que usas para empujar al bebé son los mismos que se usan para defecar. Entonces, cuando comencé a empujar, sentí que estaba haciendo algo mal.

"¡Lo siento mucho!" Estaba terriblemente avergonzada y lloré por el desastre que había hecho.

"No se preocupe señora Farris, eso es normal. Sucede todo el tiempo", dijo Aimee mientras simplemente limpiaba lo que yo ensuciaba de un solo movimiento, sin siquiera arrugar la frente. Trató de asegurarme que no tenía nada de qué avergonzarme, pero no importaba lo que dijera, no sentía nada más que vergüenza.

Me tomó un tiempo sacar al bebé. No ayudó que fuera tres semanas prematuro. Después de empujar durante unos buenos treinta minutos, alrededor de las 9:00 p. m., con Ronald a mi lado, finalmente llegó nuestro preciado regalo. Davion Trenier Farris, una hermosa y pequeña gota de chocolate con la cabeza llena de cabello negro rizado y labios carnosos y morados, llegó al mundo con un peso de solo cinco libras. No era la niña que esperaba, pero el amor que sentía por esa personita era más intenso que cualquier cosa que hubiera conocido. No hay palabras para describir la increíble sensación que se siente al traer una nueva vida al mundo.

Hasta este punto de mi vida, nada había sido seguro. Mis padres estaban divorciados, por lo que mi experiencia de familia era inestable. Abandoné la universidad, así que me sentí como un fracaso en mi intento de obtener una educación superior. Mi trabajo como cantante de PTL terminó como resultado del racismo, por lo que mi visión de la religión estaba contaminada. No sólo me casé con un adicto, sino que su adicción se convirtió en mi adicción, por lo que toda mi vida parecía carecer de estabilidad. Había dos cosas de las que estaba segura; el amor incondicional que Dios tenía por mí y el amor profundo y penetrante que yo tenía por mi hijo.

Davion vino al mundo con una personalidad tranquila. Por lo general, era un bebé bastante tranquilo, que lloraba solo cuando necesitaba cambiarle el pañal o cuando tenía hambre. Por lo demás, se conformaba con su chupete y el sonido de la televisión o música suave, pero no siempre era así. Una noche, cuando tenía tres semanas, no pude hacer que dejara de llorar. Su pañal estaba limpio, lo habían alimentado y hecho eructar, pero siguió llorando durante horas. A las 3 a. m., me encontré caminando con él de un lado a otro en la sala de estar, meciéndolo con vehemencia. En ese momento, los dos estábamos llorando. Aunque estaba agotada, estaba llorando porque mi bebé claramente necesitaba algo, pero no podía descifrar qué era. Simplemente caminé, me mecí, lloré y oré . . . y caminé un poco más, hasta que su vocecita se debilitó, y finalmente encontró el camino de regreso al sueño.

Ronald y yo hicimos todo lo posible para mantener una sensación de normalidad, pero la naturaleza de la adicción es tal que no importa cuán buenas sean sus intenciones, por lo general te encuentras haciendo exactamente lo que odias . Teníamos breves períodos de abstinencia, siempre interrumpidos por borracheras que se prolongaban hasta que nos quedábamos sin dinero. Alternando constantemente entre la adicción y la sobriedad, nos recuperamos el tiempo suficiente para asistir a algunos servicios de la iglesia y pretender que éramos los buenos cristianos que todos creían que éramos. No pudimos mantener la pretensión por mucho tiempo. Mi madre estaba acostumbrada a saber de mí casi todos los días, y empezó a sospechar cuando pasaban varios días sin una llamada telefónica. Ella sintió que algo andaba mal y decidió pasar por el apartamento para ver cómo estábamos. Nada podría haberla preparado para lo que encontró. Mi cuerpo de cinco pies y siete pulgadas estaba acostumbrado a soportar ciento cincuenta libras, pero me había reducido a sólo ciento veinticinco. No le tomó mucho darse cuenta de que algo andaba muy mal.

"Empaca tus cosas, te vienes conmigo". Mi mamá no me preguntó si quería ir, y no iba a aceptar un no por respuesta.

"¿Y Ronald?" Yo pregunté.

"¿Qué hay de él? ¡No sé a dónde irá, pero tiene que irse de este apartamento ahora mismo! Mi mamá estaba furiosa. Conocía a Ronald de la iglesia y, al igual que yo, pensó que sería un gran esposo. Ninguno de nosotros estaba preparado para el equipaje que vino con esta unión. Solo conocíamos el alcohol y la marihuana en nuestro pasado y no estábamos familiarizados con el impacto devastador de la adicción a la cocaína. Empaqué toda mi ropa, el corralito de Davion y los juguetes y me fui a casa con mi madre. Fue un alivio haber sido rescatada de ese ciclo caótico. Me sentí mal por dejar a Ronald sin un lugar adónde ir, pero no pude ayudarlo, apenas pude ayudarme a mí misma. Sabía que dejarlo y mudarme con mi mamá era lo mejor que podía hacer, especialmente porque había quedado embarazada de nuestro segundo hijo entre borracheras.

Mi madre solo tenía un apartamento de una habitación, así que Davion y yo dormíamos en la sala de estar. Luché a diario contra los sentimientos de inutilidad. Lo único que me impidió perder la cordura fue mi hermoso bebé. Ronald se recuperó y volvió a vivir con la abuela Essie. Encontró su camino de regreso a la sobriedad durante unos meses, y como estábamos esperando a nuestro segundo hijo, decidimos darle otra oportunidad a nuestro matrimonio. Le preguntamos a mi papá si podíamos mudarnos con él hasta que pudiéramos pagar nuestro propio lugar.

Ike Gouché era dueño de una pequeña casa con dos dormitorios y un baño ubicada en la séptima avenida y sexta calle. La experiencia de mi padre en la construcción lo hizo creer que él mismo era un consumado de "hágalo usted mismo", que a menudo comenzaba proyectos de remodelación y nunca los terminaba. Se apresuró a derribar paredes, reemplazar tuberías o quitar azulejos viejos. Hubo momentos en que pasaba un año entero antes de que se instalará el nuevo azulejo. El panel de yeso de la cocina quedó sin terminar, con solo imprimación blanca sobre las uñas. Mi papá reemplazó la bañera vieja por una nueva, pero nunca reemplazó los azulejos que la rodeaban, y se podía ver hasta la plomería. A pesar de las asperezas, estábamos agradecidos de tener un lugar donde aterrizar.

DANIEL

En la primavera de 1985, recibí una llamada de Sandra Crouch, invitándome a cantar en la banda sonora de la película The Color Purple (El Color Morado). Proporcionamos las voces para la escena en la que Shug corría para tratar de evitar que Celie le cortara el cuello a Mister. También, por la escena del coro en la canción God Is Trying to Tell You Something (Dios está intentando decirte algo). Unos meses después, en septiembre (cuando tenía siete meses de embarazo), recibí otra llamada. La voz que habían usado anteriormente para el "solo" de la joven en la tribuna del coro no coincidía con la cara del actor, por lo que necesitaban un sonido más joven. ¡Me pidieron que reemplazara su voz y quedé encantada!

"Sí, sí, sí, señor . . . alma mía, alma mía dice ye-e-es . . . ¡Si yo fuera tú, diría que sí!" El metraje sin procesar de esa escena en la película se reprodujo en una pantalla grande mientras grabábamos el audio. Lo vi varias veces porque tenía que hacer coincidir perfectamente los movimientos del actor. La experiencia fue surrealista, casi haciéndome olvidar mi adicción. Pero ese sentimiento solo duró hasta que recibí el pago por la sesión. Era más dinero del que jamás había ganado en un solo; y lo único en lo que podía pensar era en cuánta cocaína podría comprar con mil seiscientos dólares. Pronto Ronald y yo volvimos a vivir ese mismo ciclo caótico. Lo culpé por mi adicción a las drogas y pensé que podría controlarme si él no estaba allí. Le pedí que se fuera, pero eso no resolvió mi problema. Seguí fumando mientras Ronald ingresaba en el programa de rehabilitación del Hospital de Veteranos de Westwood.

La borrachera que comenzó con el dinero de la sesión de The Color Purple (El Color Morado) no duró tanto como esperaba. Me había quedado sin dinero y drogas a los pocos días y me quedé nadando en un mar de culpa y odio hacia mí misma por haber fumado tanto durante mi embarazo. Era un círculo vicioso. Cada vez que recibía dinero, las ansias eran tan fuertes que lo único que las detenía era drogarme. Luego vino la culpa extrema que sentí por no tener la capacidad de controlarme. La forma más rápida de deshacerse de la culpa era drogarme de nuevo. Mientras estuve drogada, no sentí nada más que euforia. Bajar fue como estar en un accidente de avión.

Cuando recibí mi cheque de asistencia social el 15 de octubre de 1985, compré suficiente comida, pañales y leche para el resto del mes y me quedé con cuarenta dólares. Incluso esa pequeña cantidad de dinero despertó ese sentimiento en mis entrañas que solo podía calmarse con un golpe. Entonces, a las diez de la mañana del 17 de octubre, alisté a mi bebé en el cochecito y caminé todo el camino desde la calle Sesenta y la Séptima Avenida hasta la casa de drogas en Slauson y Normandie, cambié mis últimos cuarenta dólares por un pequeño pedazo de roca de cocaína, luego di la vuelta y me dirigí de regreso a casa.

Me convencí a mí misma de que esta sería la última vez que me drogaría y planeaba disfrutarlo. Cambié y alimenté a Davion, luego lo mecí hasta que se durmió. Era mi manera de tratar de ser una buena madre, a pesar de mis circunstancias deplorables. Tan pronto como se durmió, entré al baño, cerré la puerta y comencé a fumar. De alguna manera había preparado mi mente para el final. Entonces, cuando di mi último jalón y no quedaba nada más para fumar, no perdí el tiempo raspando la tubería y arrastrándome por el piso en busca de migas. Fui a la cocina, tomé una lata de pintura blanca, un rodillo y un sartén. Necesitaba ser productiva, hacer algo que me diera un sentido de valor. El olor de la pintura era casi tan embriagador como el de la pipa, que resultaba extrañamente reconfortante. El sonido aplastante que hizo cuando lo hice rodar sobre el panel de yeso también tuvo un efecto relajante e hipnótico. Terminé la primera pared y, por un breve momento, casi me sentí bien conmigo misma. Justo antes de comenzar con la segunda pared, sentí una sensación de tensión que comenzó en mi abdomen y se deslizó hasta la parte inferior de mi espalda.

"¡Oh Dios, ahora no!" Inmediatamente supe que estaba entrando en trabajo de parto, pero era demasiado pronto. El bebé le faltaban otras cinco semanas, sin mencionar el hecho de que acababa de terminar de fumar. Me acosté en el sofá y recé para que no hubiera más contracciones, pero unos diez minutos después, volvió a suceder. Seguí orando, pero las contracciones seguían llegando, y eran más cercanas e intensas que la primera vez. Llamé a mi padre y le dije que estaba en labor de parto. Salió del trabajo inmediatamente y se dirigió a su casa. También llamé al Hospital de Veteranos y dejé un mensaje para que Ronald se encontrara conmigo en Kaiser.

Cuando mi padre llegó a casa, las contracciones ya tenían cinco minutos de diferencia. Estar en trabajo de parto facilitó ocultar el hecho de que estaba aterrorizada. No quería que mi papá supiera que me había drogado hacía solo un par de horas, así que fingí que mis lágrimas se debían a las contracciones. La realidad era que tenía miedo de que encontraran drogas en el sistema de mi bebé y de inmediato me lo quitarían. Me imaginé esposada con una bata de hospital y llevada a la cárcel tan pronto como él naciera. Las contracciones comenzaron a intensificarse mucho más rápido que la primera vez. Llegamos al hospital alrededor de las cuatro de la tarde y Ronald apareció unos minutos después. Las contracciones ahora llegaban cada tres minutos, así que me llevaron rápidamente a la sala de partos e inmediatamente me conectaron al monitor fetal. Mi padre se hizo cargo de Davion mientras que Ronald se quedó a mi lado. Ninguno de ellos sabía cómo había pasado mi mañana, y no quería dejarles saber mi pequeño y sucio secreto.

Lloré casi todo el tiempo que estuve en labor de parto, y entre cada contracción y cada lágrima, oraba. Sabía lo suficiente acerca de Dios para saber que todavía me amaba y que me perdonaría si se lo pedía. Debo haberle preguntado mil veces. Ore para que no encontraran drogas en mi bebé y me lo quitaran. Le pedí a Dios que protegiera su mente y oré para que saliera normal y saludable, con los diez dedos de manos y pies.

"Dios, sé que no tengo derecho a pedirte nada en este momento, pero por favor, por favor, ¿no dejes que se lleven a mi bebé? ¿Por favor, déjalo estar bien? Lo siento mucho. . ." Era tanto lo que lamentaba que no sabía por dónde empezar. Lamenté haber permitido que mi curiosidad me abrumara y haberle pedido a Ronald que me dejara probarlo. Lamenté no haber podido controlarme y ser tan adicta como él. Lamenté el daño que podría haberle causado a mi hijo por nacer. ¡Lo sentía mucho! Ronald estaba junto a mi cama, frotándome la espalda y los pies, masajeándome las sienes y alimentándome con pedacitos de hielo. Él estaba haciendo todo lo que estaba a su alcance para ayudarme a través de este proceso difícil.

Las contracciones ahora venían cada minuto, y el dolor era tan intenso que ya no estaba preocupada por esa mañana. Había orado y llorado, y orado un poco más, y me invadió una extraña paz que no podía explicar. Había dejado ir mi culpa y estaba lista para dar a luz a un bebé normal y saludable. No recuerdo el nombre de la enfermera porque esta vez, en lugar de llamarla, susurré una oración silenciosa de acción de gracias a medida que disminuía cada dolor de parto. Mi gratitud comenzó a abrumar mi culpa. El apoyo de mi padre y mi esposo, y el saber que mi madre estaría ahí para mí es lo que me dio fuerzas. Sobre todo, sabía que Dios nunca se daría por vencido conmigo.

"Señor, sé que has escuchado cada una de mis oraciones y te agradezco por tu amor y misericordia. ¡Gracias por bendecir a este niño a pesar de mí!"

Alrededor de las ocho de la noche, cuatro horas después de llegar al hospital, llegó el pequeño Daniel Anthony Farris. El trabajo de parto fue mucho más corto y no tuve que pujar tanto ni con tanta fuerza como con Davion. Esta vez sabía exactamente qué esperar, ya que lo había hecho once meses antes. Cuanto más me acercaba a los diez centímetros, más me preguntaba "¿en qué estabas pensando, Jackie?" ¡Sabías lo doloroso que era esto!

Tan pronto como salió Daniel, me olvidé del dolor. Una vez que se aseguraron de que respiraba con claridad, el médico inmediatamente lo colocó sobre mi pecho. Y al igual que la primera vez, el amor que sentí fue abrumador. Las lágrimas comenzaron a fluir mientras cargaba a mi segundo bebé. ¡Daniel pesaba solo cuatro libras, pero por lo demás era normal, saludable y hermoso!

El médico tuvo que presionar mi vientre para sacar la placenta y fue más doloroso que el parto. Tan pronto como terminó, llevaron a Daniel a las pruebas de rutina que se le dan a cada recién nacido y me llevaron a mi habitación donde me dormí inmediatamente. Unas horas más tarde, me desperté casi presa del pánico. La sensación de paz que sentí antes del nacimiento de Daniel había desaparecido. Estaba sola en mi habitación sin nadie a la vista. Sentí un extraño vacío después de estar embarazada y luego despertarme sin un bebé en el vientre ni en los brazos.

A Ronald no se le permitía pasar la noche fuera debido a las reglas de su programa de rehabilitación, así que se fue mientras yo dormía. Me levanté de la cama, me puse la bata y las pantuflas y fui a buscar a mi bebé. Mientras caminaba por el largo pasillo, sentí alivio de ver que no habían policías esperando para arrestarme. De hecho, solo había un silencio espeluznante. Di la vuelta a la esquina para encontrar a la enfermera sentada en silencio en su puesto justo fuera de la guardería.

"Hola señora Farris, ¿durmió bien?" dijo con una sonrisa en su rostro.

"Sí, lo hice. ¿Cómo está mi bebé? Dije, todavía nerviosa por si había causado o no algún tipo de daño.

"Su bebé está bien. Está ahí, durmiendo en paz", dijo mientras se ponía de pie y señalaba la cuna de acrílico que sostenía a mi pequeño.

"¿Lo revisó ? . . . ¿Él está bien?" No estaba muy segura de cómo formular mi pregunta. Quería saber si encontraron alguna droga en su sistema.

"Sí, lo revisamos. Es un poco pequeño, pero por lo demás, es absolutamente perfecto". Respiré un gran suspiro de alivio.

"¿Puedo cargarlo?" pregunté.

"¡Por supuesto que puede! ¡Él es su bebé!" Se dirigió a la cuna ubicada en el medio de la habitación entre los otros recién nacidos. Levantó al pequeño Daniel y me lo entregó. Me invadió el alivio y la alegría. Parecía un hombre pequeño, con rasgos cincelados. Su naricita era recta y definida, como la de su padre.

"Gracias" susurré mientras tomaba a mi hijo y lo acercaba a mi pecho.

"¿Puedo llevarlo a la habitación conmigo?" Pregunté, todavía un poco aprensiva por todo.

"Aquí", dijo mientras extendía los brazos.

"Démelo y se lo llevaré a su habitación". Iba en contra de las reglas que me permitieran caminar cargando al bebé. Así que volví a mi habitación y me metí en la cama. La enfermera estaba justo detrás de mí, empujando al pequeño Daniel en su cuna. Una vez que me acomodé, me lo entregó, junto con un biberón de fórmula para alimentarlo. La sensación de alivio fue incluso mayor que el alivio que sentí después de ese empujón final. Estaba tan agradecida de tener a mi hijo en mis brazos, con la seguridad de que estaba perfectamente completo y saludable. Una vez más, Dios había respondido mis oraciones.

Daniel y yo salimos del hospital al día siguiente. Mi padre vino a recogernos, con el pequeño Davion amarrado en su asiento de seguridad en la parte trasera de su camioneta Chevy. Había comprado un segundo asiento de seguridad para el pequeño Daniel. Estaba agradecida de que mi padre estuviera allí para mí. No sé qué hubiera hecho sin él.

Excepto por algunos episodios de cólicos y un par de infecciones de oído, Davion era un niñito fácil, como los domingos por la mañana. ¡Daniel, por otro lado, era más como el sábado por la noche! Vino al mundo como un jefe. Lloraba todo el tiempo . . . sin razón, así que pensé. No me tomó mucho tiempo darme cuenta de que estaba llorando porque aún no había aprendido a hablar y estaba frustrado por el hecho de que no podía comunicar lo que sentía.

Compré un corral para Davion y estaba acostumbrado a que pasara mucho tiempo en él. Todo lo que necesitaba era su osito de peluche marrón, algunos juguetes mordedores, algo de música, y estaba bien. Pero Daniel no entendía el concepto de un corral. Debió sentirse más como una prisión para él, y lo dejó claro poniéndose de puntillas con las manos agarradas firmemente a la barandilla, tensando todo su cuerpo, mirándome directamente y gritando a todo pulmón hasta que lo saqué. No hubo lágrimas. ¡Él no estaba llorando, solo estaba gritando! Solo tenía unos ocho meses y apenas podía hablar o caminar, pero sabía lo que quería . . . y lo que no quería. Daniel me estaba enseñando la importante lección de que cada niño venía con su propio conjunto de reglas, y lo que funcionaba para uno no garantizaba que funcionara para el otro. Empecé a comprender que tenía dos humanos únicos, cada uno con su propia personalidad, su *propio estilo* de estar en el mundo.

Después de que Ronald dejó el programa de rehabilitación en VA, consiguió un trabajo limpiando una iglesia en la ciudad de Pomona. Esta fue la mejor decisión posible que pudo haber hecho, porque no solo había encontrado un trabajo para mantener limpia la iglesia, sino que el pastor también le permitió vivir allí. Por supuesto, se le pidió que asistiera a los servicios dominicales, pero le dio la bienvenida a la idea. Cada vez que le pagaban, Ronald tomaba prestado el auto del pastor y conducía hasta Los Ángeles para verme a mí y a los niños. Se aseguró de que tuviéramos todo lo que necesitábamos; pañales, leche, comida y hasta un poco de dinero. Ronald no se estaba drogando, así que, con cada visita, se volvió más y más atractivo para mí. Había ganado un poco más de peso y tenía un brillo saludable a su alrededor. Tener dos hijos recién nacidos lo motivó a hacer lo necesario para recuperarse.

Papá, el pastor de la iglesia, se había encariñado mucho con Ronald. Cuando supo que Ron tenía esposa y tres hijos, estuvo dispuesto a hacer todo lo que estuviera a su alcance para ayudarnos. Habló con una de las madres de la iglesia que accedió a alquilarnos una habitación en su casa. Entonces, abracé a mi papá y le agradecí por todo lo que había hecho por mí, luego empaqué y aliste a mis dos bebés y nos mudamos a Pomona para estar con Ronald.

Durante unos meses, parecía que nuestras vidas habían vuelto a la normalidad. Ronald trabajaba duro todos los días manteniendo la iglesia limpia y ayudando al pastor con todo lo que necesitaba hacer, mientras yo estaba en casa cuidando a los bebés. Asistíamos a la iglesia todos los domingos e incluso cantaba de vez en cuando. Pero solo estaba fingiendo estar satisfecha con la vida que estábamos viviendo. Muy lejos de lo que había imaginado para mí misma, siendo una ama de casa con dos bebés, casada con un hombre que trabajaba como conserje. Nuestras circunstancias eran algo humillantes. No tan malo como estar enganchado a las drogas, pero todavía muy por debajo de mi potencial. Luché constantemente contra la depresión.

El primero y el quince de cada mes, tomábamos prestado el auto de papá y conducíamos a Los Ángeles para recoger mi cheque del condado en la casa de mi padre. Durante un par de meses, pudimos mantener nuestros antojos a raya, pero ambos aún teníamos que tocar fondo y llegar al punto en el que pudiéramos dejar atrás por completo nuestra relación con la cocaína. En nuestro quinto viaje a Los Ángeles, la tensión en el auto era palpable, oscura y pesada. Sin decir una palabra, acordamos que ese sería el día en que cederíamos a nuestros antojos. La bestia interior había pasado suficiente hambre y era hora de alimentarla. Después de cobrar el cheque, Ron se detuvo en el estacionamiento de Century y La Brea para formular un plan.

"Bueno . . . solo vamos a gastar cincuenta dólares y luego volveremos a subir la colina a Pomona", dijo Ronald esa mentira, y ambos fingimos creerla. La realidad era que ninguno de nosotros se preocupaba lo suficiente por las consecuencias como para admitir la verdad, que una vez que comenzamos, no nos detendríamos hasta que se acabara todo el dinero.

Nuestras acciones esa noche fueron el comienzo de la destrucción de todo lo que Ronald había construido para nosotros en Pomona, incluida la confianza del pastor y nuestra reputación en la iglesia. Cuidadosamente elaboramos suficientes mentiras para aguantar dos semanas más, pero cuando fuimos a recoger el siguiente cheque, estábamos tan idos que habíamos llegado al punto de no retorno. No pagamos el alquiler de ese mes y nos vimos obligados a buscar otro lugar para vivir. Afortunadamente para nosotros, no había conexión entre la iglesia de Pomona y nuestra antigua iglesia de Los Ángeles. Entonces, la noticia de nuestra adicción aún no había llegado a nuestro pastor original, quien nos ayudó a encontrar un lugar para vivir. Había otro miembro que estaba dispuesto a alquilarnos una habitación en su nuevo hogar. Pensaron que sería una buena idea porque se les había pasado la cabeza y les vendría bien la ayuda adicional con el pago de la hipoteca.

Bill y Laura nos recibieron con los brazos abiertos, sin saber que estaban invitando a dos drogadictos a su casa y todo el drama que nos acompañaba. Acordaron permitirnos pagarles quincenalmente, así que les dimos el dinero para las dos primeras semanas.

Ese sería el único pago que hicimos. Cuando llegó el momento de hacer otro pago, no teníamos ni un centavo. Tuvimos una gran pelea por los últimos treinta dólares, y empaqué a los dos bebés y dejé a Ronald en medio de la noche después de que bebió hasta dormirse. Regresé a la casa de mi padre donde sabía que sería aceptada y amada.

BETTY GOUCHÉ

CAPITULO DOS

Días oscuros

Poco después de volver a vivir con mi padre, recibimos una llamada de mi tía Malinda. Estaba luchando por criar a sus cinco hijos sola y también necesitaba un lugar para vivir. Mi padre era un hombre amable y generoso y siempre había estado dispuesto a ayudar a los hermanos menores de mi madre. Entonces, durmió en el sofá y permitió que Malinda y yo, y nuestros siete hijos, tuviéramos los dos dormitorios. Comencé a asistir a la iglesia nuevamente con Malinda y, a los pocos días, la esperanza de una vida normal se estaba volviendo cada vez más una realidad. Me preparé para criar a mis dos hijos sola, pero pronto me di cuenta de que había vuelto a quedar embarazada durante nuestros días de sobriedad en Pomona.

Por mucho que amaba a mis dos hermosos bebés varones, no estaba lista ni dispuesta a manejar un tercer hijo. Inmediatamente planeé abortar y continuar con mi vida como madre de dos hijos. Hice la cita sin pensarlo dos veces, pero mi tía Malinda estaba en total desacuerdo. Me rogó que no siguiera adelante con el aborto y prometió ayudarme en cada paso del camino. Me hizo aceptar que, si Dios respondía a sus oraciones y nos proporcionaba un lugar decente para vivir, entonces yo me quedaría con el bebé. Ella lo tenía todo resuelto.

"Cuando recibamos nuestros próximos cheques, Dios nos bendecirá para encontrar una casa en alquiler, y prometo ayudarlos cuando nazca el bebé". Mi tía Malinda estaba llena de fe y entusiasmo con respecto a su plan. Aunque estuve de acuerdo con ella verbalmente, por dentro estaba convencida de que nadie en su sano juicio le alquilaría una casa a dos madres solteras con asistencia social con siete hijos. Tenía la intención de seguir los pasos de buscar un lugar para alquilar. Tan pronto como su plan fracasó, mi plan era cumplir con mi cita en la clínica de abortos y luego encontrar una manera de drogarme.

Unos días después, el primero de mes, tomamos prestado el pequeño Chevrolet Monza naranja de 1979 de mi madre, empacamos a nuestros siete hijos y salimos en busca de un lugar para vivir. Tuvimos que esperar hasta que nuestros cheques llegaran por correo, así que no salimos de casa hasta bien entrada la tarde. Nos detuvimos en el AM PM Mini Market para recoger copias de los periódicos L.A. Times y Recycler y comenzamos nuestra búsqueda en la sección de anuncios clasificados. Circulamos algunos anuncios de alquiler y pasamos por cada uno de ellos, pero sin éxito. Pasaron varias horas y todavía no habíamos encontrado casa, así que empezamos a buscar apartamentos. Alrededor de las ocho de la noche, Malinda hizo lo que inicialmente pensé que era una declaración demente.

"¡Oramos por una casa! ¿Por qué estamos buscando apartamentos? Revisó los anuncios en el Reciclador y encontró uno que de alguna manera pasamos por alto. "Casa de tres habitaciones y un baño, $ 675", encontramos el teléfono público más cercano y llamamos al número. El Sr. Segura, el dueño de la casa, accedió a recibirnos de inmediato.

Mientras esperábamos a que llegara, sentí la esperanza de que ese pudiera ser el milagro por el que Malinda había orado. Efectivamente, sin llenar una solicitud y con solo un mes de alquiler, el Sr. Segura nos entregó las llaves de la casa. Corrimos de regreso a la casa de mi padre para recoger algo de ropa y artículos de tocador y, esa noche, dormimos en el piso de nuestro milagro.

Después de dos años de vivir en el caos, vivir con Malinda fue refrescante. Cada mañana, se levantaba temprano y rezaba antes de enviar a sus hijos mayores a la escuela. ¡Sus oraciones eran fervientes, apasionadas, sinceras y ruidosas! Inicialmente, me quedaba en la cama y escuchaba, sintiéndome como un fracaso espiritual porque no era la guerrera de oración que era Malinda. En poco tiempo, sus oraciones me inspiraron a levantarme de la cama, caer de rodillas y comenzar a desarrollar mi propia línea constante de comunicación con Dios. Fue sorprendente cuando me di cuenta de cuánta paz y fortaleza gané a través de la oración, a pesar de mi comportamiento reciente. Aparte de estar en una casa y estar sobria, mis circunstancias no habían cambiado mucho. Todavía era una madre soltera con asistencia social. Mi vida consistía en cuidar a dos bebés, cuidarme a mí misma en preparación para tener un tercero e ir a la iglesia. Visto desde afuera, puede que pareciera un poco patética, pero en el fondo, sabía el valor de esas pequeñas vidas de las que era responsable, y estaba decidida a brindarles todas las oportunidades para tener una vida mejor que la que yo estaba viviendo.

Mientras Malinda y yo disfrutábamos de nuestro nuevo hogar, Ronald llegó a un punto tan bajo en su adicción que hizo un intento fallido de suicidio. Fue admitido en el centro de salud mental del hospital VA y permaneció allí durante 90 días. Mis últimas palabras para él antes de volver a vivir con mi padre fueron que nuestro matrimonio había terminado. Durante su estancia en el VA, conoció a una mujer. Comenzaron a salir casi de inmediato y él se mudó con ella después de ser liberado del programa de 90 días. Estaba enojada con él por el trauma que vivimos, y aunque no quería ser su esposa, ciertamente no quería verlo con otra mujer. ¡Fue injusto! Yo era la que estaba embarazada de su tercer hijo y sentí que me debía a mí y a sus hijos ser su primera prioridad.

Nos visitaba regularmente trayendo dinero, leche y pañales. También pasaba tiempo jugando con Davion y Daniel, antes de regresar a casa con su otra mujer. Yo era un caso perdido emocional. Abrumada por la ira, el resentimiento y los celos, apenas podía interactuar con él durante sus visitas. Malinda fue una gran fuente de apoyo para mí. Ella me animó a simplemente orar y confiar en Dios para resolverlo. Esa fue su respuesta para todo. Parecía trillado y redundante al principio, pero después de unos meses de seguir su consejo, volví a estar en paz, a pesar de que Ronald todavía vivía con su novia.

A principios de noviembre de 1986, mi nivel de frustración había llegado a su punto máximo. Con solo once meses entre los nacimientos de mis dos primeros hijos, sentí que había estado embarazada durante tres años completos y estaba lista para que todo terminara. Al igual que Davion y Daniel, Sir Darryl fue prematuro y este parto sería el más difícil de todos. El bebé no nacería hasta el tres de enero, pero el cuatro de noviembre sentí una sensación de tensión que comenzó en mi abdomen y se deslizó hasta la parte inferior de mi espalda. Era un sentimiento familiar, y sabía exactamente lo que estaba pasando solo que esta vez, le di la bienvenida. Llamamos al hospital y me dijeron que viniera de inmediato. El médico quería darme algo para detener las contracciones porque era demasiado pronto. Aunque cada célula de mi cuerpo estaba lista para poner fin a este embarazo, obedecí las órdenes del médico y me dirigí al hospital. Llamé a Ronald y él estaba allí esperándome cuando llegué.

Me llevaron directamente a la sala de examinación donde me hicieron un ultrasonido. No estaba segura de por qué, pero lo vi como una oportunidad para saber si finalmente tendría la hija con la que soñaba. Little Sir debe haber tenido su tercera pierna bien guardada, porque de alguna manera no lo vieron y me dijeron que iba a tener una niña. Inmediatamente después de la ecografía, me conectaron a una vía intravenosa y comenzaron a administrarme un medicamento para detener las contracciones. Solo funcionó un poco, y no por mucho tiempo. Las contracciones continuaron durante las siguientes ocho horas. En este punto, mi nivel de frustración había llegado a su punto máximo y le rogué al médico que dejara de darme ese medicamento y dejara que la naturaleza siguiera su curso. La idea de volver a casa con el bebé todavía en mi vientre era insoportable. Después de unas cuatro horas más de contracciones leves y constantes, el médico finalmente accedió a dejar de darme el medicamento ineficaz.

Poco después, la intensidad de las contracciones aumentó lentamente. Pasarían otras diez horas antes de que estuviera lista para dar a luz a lo que pensé que era mi niña. Ronald había estado a mi lado todo el tiempo y estaba justo a mi lado, tomándome la mano cuando Sir Darryl apareció en escena. Después de veintidós horas de trabajo y un esfuerzo final, todo había terminado. Agotada y aliviada por la experiencia de dar a luz a mi tercer bebé consecutivo, no me molesté en mirar hacia arriba. Simplemente me recosté y cerré los ojos por un momento. Cuando los abrí, vi una mirada preocupada en el rostro de Ronald.

"No es un niño, ¿verdad?" Dije, temiendo la respuesta a esa pregunta.

"Es un niño", respondió Ronald en un tono preocupado. ¡Sentí como si me hubieran dado un puñetazo! ¿Por qué Dios me haría eso? ¿Por qué me dirían que él era ella? Se llevaron a mi pequeño niño para asegurarse de que estaba respirando lo suficiente. Aunque solo pesaba tres libras, sus pequeños pulmones eran fuertes. Su grito resonó por toda la habitación, era un sonido hermoso.

Cuando las lágrimas finalmente se calmaron y pusieron a ese pequeño niño en mis brazos, instantáneamente sentí el mismo amor por él que tenía por sus hermanos. Inmediatamente pensé en el hecho de que casi había terminado con su vida antes de que comenzara, y las lágrimas de decepción se convirtieron en lágrimas de alegría y gratitud. Quería llamarlo Darryl, de acuerdo con la letra D, pero la madre de Ronald, la abuela Mattie, insistió en que lo llamáramos *Sir Darryl*.

Pesaba solo tres libras, pero Sir Darryl Andrew Farris era, por lo demás, un bebé perfectamente sano. Debido a que era tan pequeño, tuvieron que mantenerlo en el hospital, monitoreándolo hasta que pesó por lo menos cuatro libras. Al principio, me sentí aliviada de tener la oportunidad de descansar unos días antes de llevarlo a casa. Pero la primera noche en casa sin mi bebé se sintió mal. Creí que estaba en buenas manos, pero no eran las mías. Estaba segura de que estaba recibiendo la atención médica que necesitaba, pero estaba segura de que no estaba recibiendo el amor y el afecto que un recién nacido necesita desesperadamente. Las noches sin mi recién nacido eran difíciles y se me escapaba el sueño. Fui al hospital todos los días durante dos semanas hasta que ganó suficiente peso para irse a casa conmigo.

Sir era tan pequeño. Lo sostenía con una mano, su pequeña cabeza apoyada en mi palma, su espalda en mi antebrazo y sus pequeñas piernas colgando de mi codo. Cuando finalmente pude llevarlo a casa, me sentí completa. Acostaría a mis tres hermosos bebés varones para que se durmieran y observaría cómo subían y bajaban sus barriguitas. Con cada respiración, suspiro, sonrisa o gemido, me asombraba cada vez más la gran responsabilidad que tenía ante mí. Una parte de mí estaba preocupada de no tener lo necesario para criarlos adecuadamente. Pero mis instintos decían que Sir Darryl Andrew, Daniel Anthony y Davion Trenier eran ahora mi razón de existir. Lo que sea que me haya faltado, de alguna manera sabía que Dios estaría allí para proporcionármelo.

Como recién nacido, Sir Darryl fue el menos exigente de todos mis hijos. Una vez que hubiera comido, todo estaba bien en el mundo. La hora de la siesta fue interesante. Hice todo lo posible para que todos se durmieran al mismo tiempo, pero eso no sucedía muy a menudo. Sin embargo, resultó ser algo bueno. Lo usé como una oportunidad para pasar un tiempo precioso con cada uno de mis bebés individualmente, mientras los otros dos dormían. Inventaría canciones y les cantaría, esperando el día en que pudieran cantar conmigo.

"¡Dan, Dan, ¡el hombre de la miel! ¡Dan, Dan, ¡el gracioso! Dan, Dan, el mini hombre, Dan, Dan el hombre flaco". Cada uno de ellos tenía su propia canción del tiempo personal con Mami y fue su risa lo que me mantuvo con vida.

"Monta a caballo, en el centro, cuida al pequeño Sir, no te caigas. Balde, balde, balde, balde . . ." Canté esto mientras lo hacía rebotar en mi rodilla. Usé la melodía de Edelweiss, de The Sound of Music y reescribí la letra, especialmente para Davion.

"Davion, Davion, cada mañana me saludas. ¡Pequeño y moreno, dulce y redondo, estoy tan feliz de que me necesites! Encontré la mayor alegría en las sonrisas en los rostros de mis tres pequeños. También encontré la fuerza para luchar contra el deseo de drogarme. Mi amor por mis hijos fue suficiente incentivo para mantenerme sobria. Desafortunadamente, Ronald había sido arrestado por posesión y estaba en la cárcel del condado. Su adicción se había apoderado de él por completo y ahora me quedaba la responsabilidad de cuidar a mis hijos sin su padre, pero no estaba sola. Mi madre y mi tía Malinda estaban allí para ayudarme cuando las necesitara.

La hora de la cena fue sencilla. Tan pronto como el pequeño Sir podía sentarse solo, me sentaba en el sofá con los tres niños en el piso frente a mí y los alimentaba de un plato o tazón. Tenían seis meses, un año y medio y dos años y medio de edad. Durante varios meses, mis días consistieron en; alimentar, bañar, vestir, cambiar, ir al baño, hacer cosquillas, besar y jugar con mis bebés varones. No tenía un trabajo de nueve a cinco, por lo que la idea de una guardería nunca pasó por mi mente. Durante esta temporada, mi único trabajo era la maternidad, y cada vez que había una necesidad que mi cheque de asistencia social no podía cubrir, mi madre estaba allí para compensar la diferencia.

De vez en cuando me miraba en el espejo y me preguntaba cómo diablos terminé en esta posición. Yo era talentosa, inteligente y con motivación. Pero dejé la universidad y comencé un camino desconocido de matrimonio, maternidad y adicción. Durante los siguientes cinco años, me convertí en una madre soltera de asistencia social con cuatro hijos. Esto ciertamente no es lo que planeé. Se suponía que yo era una graduada universitaria y maestra de música, en camino a convertirme en catedrática. Solo sentía frustración cuando me miraba en el espejo o cuando llegaba el momento de pagar las cuentas. Sin embargo, cuando veía a mis hijos, todo lo que sentí fue alegría. No importaba que mi propia vida no estuviera saliendo como esperaba. Ahora era responsable de dar forma a tres pequeñas vidas y estaba decidida a darles todo lo que tenía.

Después de vivir con Malinda durante varios meses, mi vida se había estabilizado hasta el punto en que estaba convencida de que la adicción era cosa del pasado, hasta el 13 de septiembre de 1987. Malinda entró en mi habitación alrededor de las cuatro de la mañana. Con lágrimas en los ojos, me entregó el teléfono. Era mi hermano, Anthony, llamándome con las peores noticias posibles.

"Papá está muerto", dijo, con la voz temblorosa.

"Alguien le disparó . . . Él está muerto." No había nada que pudiera haberme preparado para ese momento. Mi mente no estaba dispuesta a aceptar lo que estaba escuchando.

"NOOOOOOOOOOOOO!!!" Dejé caer el teléfono y grité.

Este dolor era peor que cualquier cosa que hubiera experimentado en mi vida. Era tanto físico como emocional, cortando hasta el centro de mi alma e irradiando a cada parte de mi cuerpo. Mi grito despertó a los niños y de inmediato comenzaron a llorar. No sabían cómo manejar ver a su madre así. Malinda los llevó a la sala y los consoló, mientras yo me acurrucaba y seguía llorando hasta que me quedé sin fuerzas. Mi madre y mis dos hermanos mayores llegaron a nuestra casa en una hora. Lo único que tenía sentido era que estuviéramos juntos en ese momento. Nos abrazamos y lloramos, todavía incrédulos de lo que acababa de pasar. Hicimos todo lo posible para tratar de consolarnos mutuamente, pero realmente no había nada que decir o hacer para mejorar las cosas.

Después de un par de horas, mi mamá y mis hermanos se fueron a su casa y yo conduje hasta el lugar donde nuestro padre había exhalado su último aliento. Fue en Buckingham Road entre Martin Luther King Boulevard y Santa Rosalia Drive en Los Ángeles. Había estado pasando el rato en su porche bebiendo con algunos de sus amigos, su auto estacionado en el callejón a la vuelta de la esquina. Todavía estaban de pie, lidiando con lo que había ocurrido la noche anterior. Uno de sus amigos describió los eventos que condujeron al asesinato de mi padre. Mientras lo escuchaba hablar, seguía deseando poder despertar de esta pesadilla.

"Estábamos sentados aquí en el porche relajándonos y hablando de los viejos tiempos. Debe haber sido poco después de la medianoche cuando decidió irse. Caminó justo allí", dijo, señalando el callejón.

"No pasó ni un minuto antes de que escuché los disparos. Corrí a ver qué pasaba y allí estaba él, tirado en el suelo. Levanté su cabeza y lo sostuve, tratando de hablar con él hasta que llegó la ambulancia, pero murió en mis brazos . . . Lo siento mucho niña. Ojalá hubiera algo que pudiera haber hecho". Aunque no lo conocía, sentí una extraña conexión con el último hombre que vio a mi padre con vida. Era casi como si todavía pudiera sentir los latidos del corazón de mi padre mientras hablaba.

La semana siguiente fue un borrón. Pasando por los pasos de la vida, me acostumbré al dolor constante e insoportable de perder a mi padre. Alguien me lo había quitado, y no se podía deshacer. Pasaron unos días antes de que se nos permitiera ir a ver su cuerpo en la morgue. Malinda se hizo cargo de los niños mientras yo iba con mis tíos Trenier y Calvin, y mi abuela Woodland, a verlo. El viaje me pareció una eternidad y no recuerdo ninguna de las conversaciones tuvimos lugar en el camino. Todo lo que sabía era que iba a ver el cadáver del hombre al que había llamado papá durante toda mi vida, una idea que aún me parecía irreal.

Las amabilidades de los asistentes de la funeraria eran molestas. Se que solo querían brindar una mano de ayuda pero sus esfuerzos fueron inútiles.

"Le gustaría entrar sola, Srita. Gouche"? La asistente me mostró el camino mientras mis tíos y abuela se quedaron atrás, permitiendo que entrara primero. Realmente, no sabía qué esperar. Nunca había visto un cuerpo sin vida antes. Entre más me acercaba al ataúd, más me daba cuenta de que no estaba viendo a mi padre. Me acerqué para tocarlo, pero es cuando sentí una materia dura y fría que una vez fue mi papá, fue cuando me percaté que *él ya* no estaba allí. Inmediatamente me di la vuelta y salí de la habitación. No tenía sentido pasar tiempo con el cascarón en donde solía vivir mi padre.

Por los próximos días, hasta el funeral, hice mi mejor esfuerzo para mantener la calma y la cordura por mis bebés, pero debajo de cada respiración y cada pensamiento estaba el deseo de querer deshacerme del dolor, y solo conocía una manera para hacerlo. Para mi, el funeral era una formalidad. Ya me había despedido de mi papá en la funeraria unos días antes. Ronald no pudo asistir al funeral de mi padre, porque aun se encontraba en la cárcel por el cargo de posesión.

Mi hermano Anthony, dio la Eulogia. Hablo del hecho de que mi padre fue un maravilloso proveedor. Siempre se aseguró que tuviéramos lo necesitáramos. Por un momento hasta nos reímos cuando él habló sobre su manera cruda de expresarse con cierta vulgaridad. Pero no hay duda alguna que nos amaba, y siempre se aseguró que lo supiéramos.

Recibí varias tarjetas de condolencias, algunas contenían un pequeño regalo de dinero en efectivo. El total fue $85. No aguantaba los deseos para llegar a casa y pedirle a Melinda que me cuidara a los niños para que yo pudiera salir un momento. Le dije que solo necesitaba salir a caminar y que no tardaba más de treinta minutos. Al momento que me fui de casa y me dirigí hacia la casa de drogas, el deseo de adormecer mi dolor pesaba más que cualquier pensamiento que midiera las consecuencias de mis acciones. El dolor que inundaba cada parte de mi cuerpo y alma sólo podía aliviarse con una cosa. Estaba dispuesta a pagar cualquier precio, aunque sabía que el alivio sería solo temporal.

El lugar de la droga era un lugar familiar; había comprado y fumado allí muchas veces. Con el obituario de mi padre aun en mi mano, me senté en la mesa y empecé a fumar. Tal como lo anticipé, el dolor se fue. Por noventa minutos, No sentí nada. Mi mente estaba en blanco, y mi cuerpo estaba a gusto. Cerré los ojos y respiré hondo unas cuantas veces en un intento por saborear el momento, pero pasó rápidamente y el dolor al que me había vuelto tan familiar comenzó a regresar. Era hora de otro toque.

Este ciclo se prolongó durante unas veinticuatro horas. Me había quedado sin cocaína y formas de conseguir más, así que decidí que era hora de irme a casa. La caminata de tres cuadras se sintió como tres millas. Inicialmente aliviada de poner fin a ese atracón, abrí la puerta de mi casa, solo para encontrar a mi hermano, Anthony, allí esperándome con un aluvión de preguntas y acusaciones. ¡Estaba furioso! No podía entender cómo y por qué haría pasar a la familia por tal trauma inmediatamente después de perder a nuestro padre.

"¿Cómo pudiste hacernos eso?" El grito. "¡No te preocupas por nadie más que por ti misma!"

"¡Anthony, no lo entiendes!" Traté de explicarle mi posición, pero nada de eso tenía sentido para él. Continuó atacándome, tanto verbal como físicamente.

"¡POR QUÉ NO PARAS! ¡PUEDES PARAR SI QUIERES! ¡SIMPLEMENTE NO QUIERES!" Anthony gritó mientras apretaba su mano alrededor de mi cuello. Afortunadamente, Malinda estaba allí para intervenir. Definitivamente no estaba ayudando a la situación, solo me hizo querer volver a la casa de drogas y volver a adormecerme. Malinda pudo calmarlo y lograr que se fuera. Después de que él se fue, ella entró en mi habitación donde yo estaba acurrucada en mi cama, en un mar de lágrimas. Puso su mano en mi espalda y comenzó a hablarme suave y cariñosamente.

"Jackie, sé que lo sientes, así que no tienes que decirlo. Yo ya te perdoné y Dios también lo hará, solo tienes que pedírselo". Malinda entendió que estaba luchando por mi vida y que me sería imposible ganar esa batalla sola. Hizo todo lo posible para apoyarme mientras me recuperaba de ese último episodio.

En una semana, la abrumadora culpa de mi adicción comenzó a disminuir. El dolor de perder a mi papá todavía estaba fresco, pero ya no tenía el deseo de aliviarlo con cocaína. El indulto temporal no valió la pena las consecuencias. Cambié mi enfoque a mi viejo amigo familiar, la música. Sentándome al piano, comencé a escribir.

"Nunca sabré por qué, por qué hiciste lo que hiciste. No tenías que morir, pero lo hiciste. Colgaste en la cruz para que no me perdiera. Tomaste mi lugar,

ahora estás defendiendo mi caso. No tenías que hacerlo, oh, pero me alegro de que lo hicieras, no tenías que hacerlo, pero me alegro de que lo hicieras". Era como si la canción ya estuviera escrita y yo fuera simplemente el instrumento a través del cual se tocaba.

A las pocas semanas, recibí una llamada de un viejo amigo y productor, Scott Smith. Estaba buscando música para un nuevo artista llamado Crystal Lewis. A ambos les encantó la canción e inmediatamente fuimos al estudio a grabarla.

La experiencia de que alguien grabara una de mis canciones me dio un nuevo sentido de valor, recordándome los dones que poseía. No pasó mucho tiempo antes de que volviera a sentirme normal. La responsabilidad de cuidar a mis hijos me ayudó a mantenerme enfocada.

El hecho de que esas tres personitas dependieran completamente de mí es lo que me dio fuerza. Comencé a asistir a la iglesia nuevamente con Malinda, con la creencia de que me haría sentir mejor conmigo misma, pero ese no fue el caso. Nuestra adicción a las drogas ahora era de conocimiento público, y Ronald y yo éramos el tema de discusión entre muchos miembros de la iglesia. Cuando entré en el edificio de la iglesia, sentí el juicio y los chismes que estaban dando vueltas constantemente. La gente realmente no sabía qué decirme, así que no dijeron nada. Incluso en medio de la familia de mi iglesia, me sentía sola.

Malinda hizo un intento fallido de reunirse con el padre de sus hijos, pero los resultados fueron desastrosos. Inmediatamente después de que le di un giro postal por mi parte del alquiler, se peleó mucho con su esposo y, en un ataque de ira, dejó su bolso tirado en la parada del autobús. Hasta ese momento, el Sr. Segura había sido paciente con nosotros, permitiéndonos hacer dos pagos mensuales de alquiler. Ya estábamos atrasados cuando ella perdió los giros postales y él perdió la paciencia. Ambas tuvimos que encontrar otro lugar para vivir.

Me acerqué a la abuela Essie en busca de ayuda. Después de haber criado a sus hijos y nietos, no tenía la energía para sus bisnietos, pero fue fundamental para encontrarnos otro lugar para vivir. El primo Artis, un médico jubilado de noventa y seis años tenía una unidad de alquiler vacía en la parte trasera de su casa en Denker Avenue, cerca de Slauson. La abuela Essie arregló que nos quedáramos allí por trescientos dólares al mes. Estaba emocionada y aliviada de que, por primera vez, tendría un lugar propio. Pero había una parte de mí que temía la idea de vivir sola. Recuerdo que pensé que, si echaba a Ronald, la adicción se iría con él, pero no fue así. Incluso con mis incertidumbres, todavía estaba emocionada y esperanzada con mi nueva independencia.

El lugar del primo Artis vino completamente amueblado, así que solo tuve que llevar a mis bebés y toda nuestra ropa. Mis días los pasé en una dicotomía constante: feliz de estar sobria de nuevo, pero temerosa de que no durara, aliviada de estar en mi propio espacio, pero temerosa de no soportar vivir sola. Ronald fue liberado de la cárcel del condado nueve días después del funeral de mi padre. Esperaba que estuviera conmigo para ayudarme con los niños, pero tenía otros planes. Continuó viviendo con su novia, dejándome sola para luchar diariamente con mis demonios internos. Los visitaba una o dos veces por semana con un poco de dinero para pañales y leche, y para abrazar y besar a sus hijos, pero cada vez iba a casa con su otra mujer. Me dejó llena en un guiso de emociones; ira, dolor, resentimiento y culpa; todo lo cual se convirtió en una receta para el desastre.

Los siguientes meses resultaron ser algunos de los días más oscuros de toda mi vida. Completamente esclavizada por mi adicción, no reconocí a la persona en la que me había convertido. En una caída libre caótica, pedí ayuda a gritos y esta vez mi hermano mayor, Andrew, me proporcionó un lugar suave para aterrizar. Mi madre siempre estuvo ahí para mí, pero yo estaba tan cansada de mí misma que asumí que podría haber una parte de ella que también estaba cansada de mí. Andrew solo tenía un apartamento de una habitación, pero me permitió convertir su comedor en un dormitorio.

Era un espacio muy pequeño, lo suficientemente grande para una cama de día. Dormí en la parte superior y mis bebés en la parte inferior, lo que me dio el punto de vista perfecto para verlos dormir, respirar y soñar. Los miraba durante horas, preguntándome en qué tipo de personas se convertirían cuando crecieran. Me imaginé que vivíamos en una casa con vista al mar, con una piscina en el patio trasero, y que no teníamos ninguna preocupación en el mundo. La única vez que me sentí completamente contenta y en paz fue cuando bloqueé la realidad de mis circunstancias y me concentré en mis tres hermosos bebés. Tenía un sentimiento interior muy fuerte, de que las cosas solo mejorarían con el tiempo.

Vivir con Andrew fue un incentivo adicional para mí para evitar drogarme. La vergüenza de ser adicta era demasiado grande para dejar que mi hermano mayor viera ese lado mío. Durante la mayor parte de mi vida, había sido mi defensor, protector y consejero. Cuando solo tenía ocho años, golpeó a un niño pequeño por romperme el ukelele. Y cuando estaba en quinto grado, me acompañó a la escuela para asustar a unos matones que habían amenazado con golpearme.

"¡Eres linda Jackie! ¡No persigas a los chicos, deja que te persigan a ti!" Yo tenía trece años cuando me dio este consejo. Al igual que mi madre, pensé que solo decía eso porque era mi hermano y me amaba.

Andrew fue uno de mis mayores apoyos, fundamental para sentar las bases de mi carrera. Me presentó a mi mentor, el Sr. Dunlap, así como a muchos de los artistas con los que trabajé, incluidos Andre Crouch, BeBe Winans y Yolanda Adams. Junto con mi madre, Andrew siempre hizo todo lo posible para animarme. Incluso me permitió conducir su Cadillac convertible rojo de 1976 cuando no lo estaba usando.

El primer mes en la casa de mi hermano fue como un período de recuperación para mí. Necesitaba superar la serie de atracones en los que me involucré mientras vivía con el primo Artis. Durante ese tiempo, llegué a un punto tan bajo que incluso consideré el suicidio. Realmente no quería morir, simplemente quería estar sobria y normal, y pude encontrar ese lugar con mi hermano.

Justo cuando comenzaba a establecerme en una rutina casi dichosa de cuidar a mis bebés, hacer ejercicio e ir a la iglesia, Andrew y yo recibimos una llamada de mi tía Malinda. Una vez más, ella y sus cinco hijos no tenían adónde ir y le preguntaron si estaría dispuesto a abrirles las puertas, y él, de mala gana, dijo que sí. Malinda dormía en el sofá y todos sus hijos dormían en el suelo. Sin embargo, después de algunas semanas, quedó claro que su apartamento de una habitación no era lo suficientemente grande para tres adultos y ocho niños, así que llamé a mi madre. Ella también tenía sólo un apartamento de una habitación, pero hizo espacio para mis bebés y para mí. Dormí en la sala de estar en el sofá y ellos durmieron en un colchón improvisado que hice con almohadas y mantas en el suelo. El espacio era limitado, pero mi mamá nos brindó mucho amor, lo cual fue fundamental para mi continua recuperación.

Me ofrecieron un trabajo como profesor de música y director del coro de niños en la iglesia a la que asistía desde los quince años. La iglesia se expandió para incluir una escuela autónoma privada. La paga era mínima, pero permitieron que mis hijos asistieran al preescolar gratis. Escribí canciones, arreglé partes para el coro, enseñé técnica vocal y teoría musical básica. Encontré un verdadero sentido de propósito al trabajar con los niños y hacer lo que mejor sabía hacer. Además, vestir a los niños con sus uniformes y llevarlos a la escuela todos los días me hizo sentir nuevamente como un ser humano normal y productivo. La adicción a las drogas ya era cosa del pasado. Ojalá hubiera podido decir lo mismo de Ronald.

Después de que lo liberaron de la cárcel del condado, vino a visitarnos una vez mientras celebrábamos el cuarto cumpleaños de Daniel, luego continuó justo donde lo dejó antes de que lo arrestaran. No supe nada de él durante varias semanas. Cuando finalmente lo hice, fue una llamada por cobrar de un centro penitenciario.

AUNTIE LINDA   **ANDREW GOUCHÉ**

CAPITULO TRES

PEQUEÑOS HOMBRECITOS

Cuando escuché la voz de Ronald en el teléfono, una parte de mí se sintió aliviada de que no fuera alguien llamando desde el hospital o, peor aún, desde la morgue, diciéndome que algo horrible le había sucedido. La otra parte de mí estaba decepcionada y enojada. Inmediatamente supe que esta vez estaría fuera mucho más tiempo que su breve paso por la cárcel del condado, y el primer pensamiento en mi mente fue el divorcio. No estaba dispuesta a poner mi vida en pausa y esperarlo. Sin embargo, no me sorprendió que me llamara desde un centro penitenciario. Vi la dirección en la que se dirigía y supe que no terminaría bien. Ideé un plan para continuar con mi vida como madre soltera.

"Sabes lo que esto significa, ¿no?" Dije en un tono despreocupado.

"Sí", respondió. Lo había amenazado con el divorcio muchas veces y mis palabras no lo sorprendieron.

"¿Cómo están los chicos?" Inmediatamente cambió el enfoque al tema de nuestros hijos. Eran la única conexión que nos quedaba, y aunque no lo hubiera admitido en ese momento, esa conexión era lo suficientemente fuerte como para durar el resto de nuestras vidas.

"Están bien. Tan aliviada como estaba de saber finalmente de él, todas mis respuestas fueron breves y abruptas. El darme cuenta de que tendría que visitarlo en prisión para permitirle ser padre para nuestros hijos me llenó de ira y de un dolor al que ya me había acostumbrado. Los primeros cinco años de nuestro matrimonio consistieron sólo en confusión y trauma, con pequeñas chispas de luz brillante que atravesaban nuestra capa de nubes de vez en cuando. El nacimiento de cada uno de nuestros hijos interrumpió la angustia de nuestra adicción y nos dio a ambos una razón para seguir luchando. Ahora, un nuevo capítulo había comenzado.

Habiendo experimentado dos personalidades completamente diferentes en Davion y Daniel, cuando llegó el pequeño Sir, no sabía qué esperar de él. Me preguntaba si iba a ser como Dave, un bebé tranquilo y silencioso, o como Daniel, un niño pequeño exigente e intenso. Pero él no era como ninguno de sus hermanos. Sir Darryl era su propia alma única, un contemplador. No era fácil ni exigente, sino testarudo. Como recién nacido, se parecía más a Dave, callado en su mayor parte. Pero cuando se convirtió en un niño pequeño, me di cuenta de que había estado observando cada situación y decidiendo cómo quería enfrentarla.

Sir Darryl no quería hacer nada como lo habían hecho sus hermanos. Siempre quiso hacer lo suyo. Mi madre me convenció de que dos años era la edad para dejar de usar pañales, y yo había tenido éxito en el entrenamiento para ir al baño tanto a Davion como a Daniel cuando cumplieron dos años o poco después. Daniel fue fácil. Tan pronto como se dio cuenta de que podía sentarse en el inodoro y no sobre sí mismo, inmediatamente cambió su modus operandi. Gracias a él, me convencí a mí misma de que era una experta en enseñar a ir al baño, pero el pequeño Sir reescribió esa narrativa. Su segundo cumpleaños había ido y venido, y todavía no estaba listo para renunciar a su derecho a "hacer" en sus propios términos. Debido a que tenían una edad tan cercana, hubo un breve período en el que los tres estaban en pañales al mismo tiempo, lo cual fue bastante difícil, por lo que estaba decidida a poner fin a ese capítulo. Sir Darryl estaba bien entrado en su tercer año de vida cuando se dio cuenta de que estaba peleando una batalla perdida, ¡y el día del pañal había terminado!

Cuando se convirtieron en niños pequeños, cada uno de los niños intentó hacer una rabieta. Si había algo en lo que no creía era en las rabietas. Esa fue una de esas decisiones de crianza que tomé mucho antes de tener hijos: nunca iba a ser la mujer en la tienda que trata verbalmente de convencer a su hijo que grita que se calme y se levante del piso mientras los otros compradores miraban consternados. A cada uno de mis hijos se le permitió hacer exactamente una rabieta. Tan pronto como lo hicieron, cuando la palma de mi mano terminó con su pequeño muslo, estaban convencidos de que lanzar un ataque no era algo que harían por segunda vez. El hecho de que muchas personas tienden a ir demasiado lejos con la disciplina física y pasan al ámbito del abuso, no significa que deba erradicarse por completo. Por supuesto, cada niño es único y no todos necesitan ser corregidos físicamente. Pero como madre soltera con tres niños pequeños traviesos, sabía lo importante que era para mí establecer mi autoridad sobre ellos desde el principio. No era algo en lo que tuviera que trabajar continuamente.

Simplemente me aseguré de que entendieran quién estaba a cargo. Todos estaban completamente convencidos a la edad de tres años.

Ahora que entendía lo que significaba ser mamá, apreciaba mucho más a mi madre. Una de las cosas que más aprecié de ella fue que siempre expresaba su amor por mí. Nunca faltaron los abrazos y los besos, ni las palabras de aliento y elogio. Cuando era más joven, a menudo se refería a mí como su "hermosa niña pequeña" y siempre me adoraba, a veces hasta el punto de enfadarse. Pero en el fondo, estaba agradecida de saber que alguien realmente me amaba y se preocupaba por mí de esa manera. Nunca había tomado una clase de psicología ni estudiado la importancia de la interacción física y verbal positiva con los niños pequeños. Pero sabía lo nutritivo que era para mí el amor de mi madre, y estaba decidida a nutrir a mis hijos de la misma manera. Sabía exactamente cómo se sentía mi madre. Esos tres hombrecitos se habían apoderado de mi corazón. ¡Ahora entendía el tipo de amor de *dar tu vida*!

A pesar de que tenía tres hijos propios, el amor que mi madre me tenía cuando yo era una niña no había cambiado. En todo caso, se había intensificado. Tenía suficiente espacio en su corazón y en su hogar para mí y mis tres bebés. No importaba cuán pequeño fuera su lugar, siempre nos dejaba un lugar. No importaba la poca comida que tuviera, siempre estaba dispuesta y era capaz de estirarla para que todos tuviéramos suficiente para comer. En el proceso de superar mi adicción, ella fue quien tomó mi mano y caminó conmigo hacia la sobriedad. Betty Gouché era mi ángel. Durante el primer año después de que Ronald fuera encerrado nuevamente, fui honesta conmigo misma y con mi madre. Tener cualquier cantidad de dinero desencadenaría los antojos, y sabía que era incapaz de manejarlos por mí mismo. Entonces, el primero y el quince de cada mes, mi madre me acompañaba a cobrar mi cheque y comprar nuestras necesidades. Cualquier dinero que quedara, ella lo manejaría por mí.

Después de estar sobria durante casi un año, las cosas comenzaron a cambiar drásticamente. A medida que cambió mi entorno, cambió mi perspectiva, cambió mi visión de mí misma. Ya no me veía como una drogadicta y madre de asistencia social. Aunque todavía dependía de los cheques que recibía cada mes, sabía que era más grande que mis circunstancias.

Cuando me miré en el espejo, estaba cada vez más complacida con lo que veía. Comencé a recibir llamadas regulares para sesiones de coros, lo que habría complementado maravillosamente mis ingresos de asistencia social. El problema era que se esperaba que reportáramos todas las fuentes de ingresos al condado. Al principio, reportaba todo lo que ganaba porque quería ser honesta y ética.

Pero cada centavo que reporté se deduciría de mi cheque, así que terminé con la misma cantidad de dinero, $850 al mes, más cupones de alimentos. Nada de eso tenía sentido para mí. ¿Cómo se suponía que iba a proporcionar una vida digna a mis hijos con menos de mil dólares al mes? Por un tiempo, dejé de reportar mis ingresos extra, pero no me sentía bien con eso.

Mi relación con Dios había crecido hasta el punto en que teníamos una línea de comunicación abierta todos los días. Rezaba, asistía a la iglesia, daba ofrendas y siempre hacía todo lo posible por hacer lo que creía que era lo correcto. Incluso durante mis luchas, disfruté de un flujo constante de bendiciones y paz que no se podía comprar con dinero.

Necesitaba encontrar una manera de resolver mi dilema. ¿Seguiría mintiendo para recibir un cheque de asistencia social? ¿O tendría fe y confiaría en Dios para que me provea? Tantas veces, sentí el impulso de simplemente dejar de llenar el formulario y dejar de lado el cheque del condado, pero no tenía una fuente de ingresos constante. Las sesiones de fondo eran esporádicas, pero necesitaba algo con lo que pudiera contar. Los fines de semana, pasaba el rato y actuaba regularmente en un club de Hollywood llamado Singers, donde podía conectarme con más personas en la industria de la música. Mis sesiones vocales de fondo aumentaron constantemente y ya no me sentía cómoda confiada en la asistencia social.

En diciembre de 1988, llené mi último formulario de informe CA7 y creí con todo mi corazón que Dios me proveería. Es curioso cómo funciona la fe. A los pocos días, recibí una llamada telefónica de un productor/compositor que había conocido en el club. Me preguntó si estaría interesada en cantar veinte demos para él y me ofreció $100 por canción. Pude ganar $2000 en dos semanas. Mi fe había sido recompensada instantáneamente. Este patrón continuó durante unos meses y mis ingresos habían crecido mucho más allá de los ochocientos cincuenta dólares que recibía del condado. Sin embargo, hubo momentos en que las cosas eran un poco escasas y me puse un poco ansiosa, preguntándome si sería capaz de llegar a fin de mes. Pero cada vez que eso sucedía, Dios siempre aparecía.

En marzo de 1989 sucedió algo maravilloso e inesperado. Una vieja amiga de Young Americans llamada LueCinda Ramseur me llamó y me invitó a formar parte de un grupo que estaba formando para una audición para un comercial de televisión de dulces de M&M. Esta sería la primera vez que me contrataron para estar frente a la cámara, todo lo que había hecho en mi carrera hasta ese momento era algún tipo de grabación de audio o actuación en vivo. Siete grupos estaban audicionando ese día, con muchas caras conocidas en cada grupo. La competencia fue brutal y las voces increíbles, pero fue nuestro grupo el que finalmente fue elegido.

La paga era mucho más alta que cualquier cosa que hubiera ganado, más de dos mil dólares por la sesión inicial y diez mil dólares adicionales en remanentes al año siguiente. Este dinero era más que suficiente para compensar el cheque de asistencia social al que había renunciado. La parte más hermosa fue que, a diferencia del pago de la sesión de The Color Purple, este dinero no vino con ningún antojo. Supe cuando deposité ese cheque que mis días de adicción eran realmente una cosa del pasado.

Mi mamá tocaba el piano en Mt. Olive Second Baptist, la iglesia a la que asistíamos cuando yo era niña. Además de los comerciales, las sesiones de estudio y las presentaciones en vivo que ya estaba haciendo, pudo conseguirme un trabajo regular con el coro de jóvenes. Era sólo una pequeña cantidad de dinero, ciento veinticinco dólares cada domingo. Pero fue agradable poder trabajar solo los domingos, permitiéndome tener libertad para viajar y hacer sesiones durante la semana. Cada semana vestía a mis tres soldaditos, a menudo con el mismo atuendo, los llevaba a la iglesia y los colocaba en la primera fila junto al piano, donde solían dormir durante todo el servicio.

Ron Ron tenía catorce años en ese momento y estaba aprendiendo a tocar la batería. Él había estado tocando en la iglesia de su bisabuela, pero lo convencí de que tocara conmigo, que sería más divertido. También le ofrecí pagarle treinta y cinco dólares cada domingo. Rápidamente aceptó mi oferta, se despidió de la iglesia de la abuela Essie y se unió a mí en este esfuerzo musical. Aunque era solo un día a la semana, tenerlo conmigo los domingos me daba mucha alegría.

Ron Ron vivió con su bisabuela Essie, en la misma casa durante toda su infancia. Cuando Ronald y yo nos casamos, él y Essie decidieron que era mejor que Ron Ron siguiera viviendo con su bisabuela porque no querían desarraigarlo. Querían que tuviera una sensación de estabilidad.

⌒

Mi madre siguió cuidándome cada vez que trabajaba. Fue reconfortante saber que la misma mujer que me había cuidado toda mi vida ahora estaba cuidando a mis hijos. Confiaba en que estaban en buenas manos. Sin embargo, fue interesante ver la diferencia en nuestros estilos de crianza y cómo respondieron los niños. Cuando yo era niña, mi madre no era tan estricta como lo habían sido sus padres con ella, pero todavía gobernaba con mano bastante firme. Esa misma mano no parecía ser tan efectiva con mis muchachos, especialmente con Daniel. Hablar era uno de sus pasatiempos favoritos. Siempre nos preguntaba cómo funcionaba el mundo o nos decía cómo pensaba que debería funcionar.

Un día, todos estábamos sentados a la mesa para una comida familiar y Daniel tenía muchas cosas que quería compartir. Mi mamá, habiendo sido criada en una generación diferente, le dijo que se callara y comiera su comida. Daniel pensó en lo que dijo, y después de unos diez segundos, decidió que tenía algo más que decir. Mi madre, en un tono más contundente, le dijo:

"¡Daniel, dije que te callaras y comieras tu comida!" Hizo una pausa de otros diez o quince segundos y empezó a hablar de nuevo.

"¡Cállate Daniel!" gritó mi madre. En este punto, estaba preocupada por mi bebé, ya que sentía el aguijón del momento. Pero él no poseía el miedo que yo había desarrollado bajo la mano firme de mi madre. Todo lo que sabía era que, al igual que el parque infantil, no entendía el concepto de "cállate". Después de otros diez o quince segundos de silencio, Daniel arrugó las cejas y lo siguiente que salió de la boca de mi bebé de tres años fue "¡Tengo que hablar!"

Sus palabras cortaron la tensión en el aire como un cuchillo, y todos en la mesa, incluida mi madre, se echaron a reír. Me hizo cosquillas e intrigó el coraje y la determinación de este pequeño, y su desafío a las órdenes de su abuela. Cuando era joven, eso se habría considerado como "contestar mal" a mi madre, algo que simplemente no hicimos. Y si se hubiera atrevido a contestarle algo así a sus padres, seguramente la habrían tirado al otro lado de la habitación. Pero Daniel no conocía ese tipo de miedo. Tenía una opinión propia y, en su mente, siempre que tuviera algo que decir, sentía que debería tener el derecho de decirlo.

Antes de que fueran capaces de formar palabras, les enseñé a mis bebés el abecedario. Todos sabían leer mucho antes de comenzar a asistir a la escuela. Aunque no había terminado la universidad, entendí la importancia de la educación y estaba decidida a darles a mis hijos una base sólida, tanto académica como musical. Cuando no les estaba enseñando a leer, escribir o aritmética, les estaba enseñando la definición de tono, sostenido, bemol e intervalo. Les mostré cómo encontrar el do central en el piano y cómo tocar una escala de do mayor antes de que sus pequeños dedos fueran lo suficientemente largos como para estirarse sobre las teclas. Conocían la diferencia entre la clave de sol y la de fa, y conocían las líneas y los espacios del pentagrama, así como el abecedario. Les expliqué no solo cómo escuchar una nota, sino también cómo visualizarla y luego recrearla con precisión con su voz.

Davion estaba especialmente interesado en cantar. Tenía solo cinco años cuando cantó su primer solo en la iglesia.

"¡Oh santa noche, las estrellas brillan intensamente! Es la noche del nacimiento de nuestro querido Salvador. . ." La primera sílaba de la palabra brillante era la parte favorita de la canción de Davion. Se suponía que solo debía sostenerse durante dos tiempos, pero siempre se aferró a él hasta que sintió ganas de dejarlo ir. La parte más sorprendente de ese niño de cinco años que cantaba *Oh Holy Night* era la precisión con la que tocaba cada nota. Mientras le enseñaba la canción, supe que su voz era especial, pero nadie podría haberme dicho cuán especial sería.

Habíamos estado viviendo con mi madre en su apartamento de una habitación durante casi dos años cuando le informaron que le iban a subir el alquiler. Le dijeron que tenía que pagar $500 adicionales al mes por la cantidad de gente que vivía allí. Aunque estaba ganando una cantidad decente de dinero, no tenía sentido pagar mucho más por un apartamento tan pequeño. Yo fui la razón por la que aumentaron el alquiler de mi madre, pero ella nunca me hizo sentir mal por ello.

"Supongo que eso significa que tendremos que encontrar otro lugar para vivir", dijo con simple determinación. Justo cuando comenzamos nuestra búsqueda de otro apartamento, recibí una llamada telefónica de otra vieja amiga llamada Debbie McClendon-Smith. Me preguntó si estaría interesada en dirigir Alabanza y Adoración, reemplazando a otro amigo en común. Trabajaba como ministro de Música para una increíble mujer pastora llamada Beverly

"Bam" Crawford, y necesitaba que alguien interviniera cuando tenía un concierto dominical. No estaba muy segura de lo que quería decir con la frase Alabanza y Adoración, pero sabía que tenía algo que ver con tocar y cantar en la iglesia, y estaba segura de que era algo que podía manejar. Mi madre y yo asistimos al servicio de la iglesia el próximo domingo para ver exactamente lo que se esperaba que hiciera.

El servicio de la pastora Bam comenzó a las 8 a. m. y nuestra iglesia no comenzó hasta las 11 a. m., por lo que pudimos asistir a ambos. El servicio de la iglesia que experimentamos ese día fue diferente a cualquier otro. La pastora Bam Crawford era diferente a cualquier otro pastor. No solo fue la primera mujer que vi en el púlpito, sino que también enseñó la Biblia más a fondo que cualquier hombre que haya escuchado. Pasé la mayor parte de mi niñez en la iglesia y estaba familiarizada con muchas de las historias de la Biblia. Sabía todo sobre Adán y Eva, Abraham, Isaac, Jacob y los Hijos de Israel. Conocí bien a Noé, Sansón y Dalila, Daniel en el foso de los leones, Jonás en el vientre de la ballena, los tres niños hebreos en el horno de fuego, el Hijo Pródigo y, por supuesto, Jesús en la cruz. A pesar de toda la predicación a la que había estado expuesta, nunca había escuchado realmente "enseñanza" hasta ese domingo.

Recibí una llamada de la secretaria de la pastora Bam para programar una reunión. Aunque estaba extremadamente nerviosa, la reunión salió muy bien.

"Háblame de ti", dijo en un tono práctico. Después de verla en el púlpito el domingo anterior, me sentí tan intimidada que apenas sabía por dónde empezar. Entonces, solo respiré hondo y comencé a derramar mis entrañas.

"Bueno, estoy casada, pero mi esposo está encarcelado. Ambos éramos adictos a la cocaína crack, pero he estado sobria por poco más de un año". No sé por qué empecé con lo peor de mí, pero su respuesta fue bastante reconfortante.

"¡Un año de sobriedad es maravilloso!" Se detuvo por un momento. "Continúa", dijo, aparentemente interesada en el resto de mi historia.

"Tengo tres bebés varones. Tienen tres, cuatro y cinco años".

"¡Vaya, has estado ocupada!" Ambas nos reímos. En ese momento, me sentí a gusto y compartí con ella muchos otros detalles sobre mi vida, incluida mi experiencia como cantante de PTL y corista de Andre Crouch.

El próximo domingo reemplacé al líder de alabanza y, a partir de ese día, tuve la sensación de que mi vida nunca volvería a ser la misma. Después de reemplazarlo dos veces en unas pocas semanas, dejó de trabajar para la iglesia y me contrataron como su reemplazo de tiempo completo. No me sorprendió cuando recibí la llamada. Algo adentro ya me había asegurado de que el trabajo era mío.

El dinero del comercial de M&M estaba a punto de agotarse, y el trabajo en la iglesia era exactamente lo que necesitaba para tener un ingreso regular y una sensación de estabilidad. Fue increíble poder recibir un cheque semanal por hacer lo que amaba hacer; cantar y tocar el piano. Era considerablemente más de lo que recibí de la otra iglesia. Por un tiempo, traté de hacer ambos trabajos, pero no siempre podía llegar a tiempo a Mt. Olive, así que finalmente renuncié. Otro beneficio de trabajar para la pastora Bam fue que escucharla enseñar todos los domingos me hizo crecer espiritualmente.

Tener un trabajo con un ingreso estable nos facilitó calificar para nuestro nuevo apartamento. Encontramos un lugar en la ciudad de Paramount y nos mudamos al mes siguiente. Inmediatamente inscribí a Davion y Daniel en la escuela, incluso antes de desempacar las cajas.

Mi madre, mi hermano menor, mis tres hijos y yo vivíamos juntos en un apartamento de dos habitaciones. Era un poco más grande que el lugar del que nos mudamos, pero aun así estaba muy apretado. Después de vivir allí solo unos meses, mi madre encontró trabajo como administradora de apartamentos en un lugar a la vuelta de la esquina. Nos mudamos de nuevo al edificio de Gundry Avenue, donde ya no necesitábamos vivir juntos. Mi madre vivía sin pagar alquiler como administradora de la propiedad, y yo alquilé el apartamento justo enfrente del de ella. Esto hizo que fuera muy conveniente para ella cuidar a los niños mientras yo trabajaba. En las raras ocasiones en que mi madre no estaba disponible, o simplemente estaba demasiado cansada para tratar con tres pequeños, llamaba a una de las hermanas de Ronald.

TIA RENNIE

Ronald tiene tres hermanas y un hermano. La hermana del medio la que tiene las tres niñas es Arthurine, pero todos la llaman Rennie. Ella es la más ecléctica del grupo; un alma cálida, hermosa y feliz que baila a su propio ritmo. Nunca tuvo hijos propios, pero era como una madre-amiga-compañera de juegos para sus sobrinas y sobrinos, quienes la quieren mucho. Rennie a menudo venía a recoger a los niños y los llevaba a la playa o al parque, o simplemente venía y pasaba el rato con nosotros. Debido a su pasión por la fotografía, disfrutaba tomando fotografías de los niños, vistiéndolos con creativos disfraces como guerreros africanos o vaqueros. Ella era la única de las hermanas de

Ronald con la que desarrollé una relación real cuando los niños eran pequeños, y la única otra persona además de mi madre y mi tía Malinda en la que confiaba para cuidar a mis hijos. El problema con Rennie era que compartía la adicción de su hermano, lo cual tuve que aprender por las malas.

Un día recibí una llamada de Scott Smith para hacer una sesión de coros en el condado de Orange, a una hora de donde vivíamos. Sabía que me iría por mucho tiempo y aunque mi madre siempre estaba dispuesta a cuidar a los niños, los niños a veces podían ser un problema. No quería cargarla con mantenerlos durante todo el día. Así que llamé a la tía Rennie y le pedí que me acompañara a la sesión y se quedara con mis hijos y mi auto mientras yo trabajaba. Ella aceptó gustosa. El plan era que ella los llevara a un parque cercano y luego les diera de comer antes de recogerme en el estudio a las cinco en punto. Pero cuando el reloj dio las cinco, Rennie no estaba por ningún lado. Al principio, no estaba preocupada. Supuse que ella y los chicos se estaban divirtiendo y habían perdido la noción del tiempo.

Pasaron otros treinta minutos y todavía, Rennie no estaba. En este punto, estaba un poco preocupada.

Sabía que mis instrucciones eran claras y me aseguré de que ella tuviera la dirección. Pero también sabía que Rennie era un espíritu libre y que normalmente no estaba sujeta a reglas ni relojes. Tomé la decisión consciente de tomar algunas respiraciones profundas y no preocuparme. Estaba un poco avergonzada porque la sesión había terminado y el productor y el dueño del estudio estaban esperando conmigo hasta que aparecieran por mi.

"Estoy segura de que ella estará aquí pronto. Tiene a mis hijos con ella". Pasaron otros treinta minutos y todavía, Rennie no estaba. Podía sentir mi temperatura subiendo. Eran las seis en punto, una hora después de la hora en que se suponía que debía recogerme. ¿Qué podría haber pasado? ¿Tuvieron un accidente automovilístico? ¿Mis hijos estaban bien? ¿Rennie estaba bien? No había teléfonos móviles ni beeper, y no tenía forma de localizarla. En este punto, comencé a preocuparme.

"¿Quieres que te lleve a casa?" ofreció Scott. Mi vergüenza se había convertido en ansiedad y miedo. ¿Dónde podría estar ella con mis bebés? Después de unos minutos más, acepté la oferta de Scott de llevarme a casa. Me disculpé por las molestias, pero estaba más preocupada por Rennie y los niños.

Durante el viaje a casa, Scott primero intentó asegurarme que todo estaría bien y luego trató de entablar una pequeña charla. No recuerdo una palabra de lo que dijo debido al caos que estaba ocurriendo dentro de mi cabeza. Parecía estar bien por fuera, pero por dentro, me sentía como un volcán a punto de estallar. Tenía la esperanza de encontrar a Rennie y los niños esperándonos cuando finalmente llegáramos a casa, pero no hubo tal suerte.

Tan pronto como entré por la puerta, mi madre pudo ver el pánico en mi rostro.

"¿Qué ocurre?" Ella preguntó.

"Rennie nunca apareció", dije, ahogándome con el nudo en la garganta.

"¿Qué quieres decir con que ella nunca apareció?", la frente de mi madre se arrugó confundida.

"Rennie me dejó en el estudio y se llevó mi auto y a los niños. Se suponía que regresaría a buscarme a las cinco en punto, ¡pero nunca apareció!

Las dos nos quedamos estupefactas.. Intentamos llamar a la policía para denunciar su desaparición, pero solo descubrimos que no había pasado el tiempo suficiente para hacer un informe. Traté de llamar a los hospitales para ver si habían tenido un accidente, pero tampoco dio ningún resultado. Habían pasado más de tres horas sin que yo supiera el paradero de mis bebés y en este punto, estaba empezando a perder la cabeza. La intensidad del miedo, la frustración, la ira y la ansiedad solo se comparaba con el amor profundo y penetrante que sentía por mis bebés, y no saber dónde estaban me estaba matando.

Llamé a la abuela Essie solo para descubrir que no sabía nada de Rennie. Llamé a la madre de Ronald, Mattie, pero tampoco estaba. Las imágenes de los cuerpos de mis hijos destrozados por el metal del auto pasaron por mi mente, pero en lugar de permitir que esos pensamientos se apoderaran de mí, llamé a mi tía Malinda y le pedí que orara.

"¡El diablo es un mentiroso! ¡No puede poner sus manos sobre esos niños!" Ella entró en modo de guerrera de oración de inmediato.

"No te preocupes, Jackie, están bien. ¡Nada les va a pasar! Tienes que confiar en que Dios está cuidando de ellos, donde quiera que estén". Había visto a Dios responder a las oraciones de Malinda en muchas ocasiones, y no tenía más remedio que creer que Él haría lo mismo en esta situación.

Me había dado cuenta de que Rennie probablemente estaba en algún lugar drogándose, pero no podía entender cómo podía hacerlo mientras mis hijos estaban con ella. Recordé lo que se sentía estar profundamente inmerso en la adicción, así que entendía cómo podía fallar en recogerme. Lo que no podía entender era cómo Rennie podía estar ausente tanto tiempo. No tenía hijos propios, así que no podía saber exactamente lo que me estaba haciendo pasar.

Pasaron cuatro horas, luego cinco, y aún no había señales de Rennie. Pasé de orar y decirme a mí misma que no me preocupara, a maldecir a Rennie y gritar a todo pulmón. Luego, simplemente caí de rodillas frente al sofá y lloré con mucho sentimiento, empapando las almohadas hasta que se filtraron al suelo.

Cuando llegó la medianoche y aún no había noticias de ella, me di cuenta de que mi única opción real era calmarme y esperar. Había llamado a todos los que se me ocurrían, había rezado todas las oraciones que sabía, había pronunciado todas las palabras obscenas de mi vocabulario, y había llorado hasta que no quedaban lágrimas. Agotada de toda energía, finalmente me dormí alrededor de las cuatro de la mañana. Pero a las ocho de la mañana, mis ojos se abrieron de golpe y recordé que mis hijos seguían desaparecidos. Lo que lo hacía aún peor era que Rennie todavía tenía mi coche, así que ni siquiera podía salir a buscarlos. Luego, alrededor de las ocho y media, sonó el teléfono. Era la abuela Essie.

"Jackie, Rennie dejó a tus hijos y me dio las llaves de tu coche. Dijo que vendrías a recogerlos". No había urgencia real en su voz, así que supe de inmediato que estaban bien. El alivio que sentí fue tanto físico como emocional. Se sentía como si hubiera estado ahogándome toda la noche y ahora podía respirar libremente.

"Dame unos treinta minutos". Necesitaba que me llevaran de Paramount a Inglewood, así que inmediatamente toqué la puerta de mi vecino y les ofrecí $20 para que me llevaran a recoger a mis hijos. Todavía vestida con la ropa del día anterior, estábamos en el auto y en camino a casa de la abuela Essie en cuestión de minutos.

Cuando llegamos, los niños estaban dormidos en el sofá y la silla de la sala de estar. Los recogí uno por uno y los abracé hasta que sentí que el estrés del día anterior comenzaba a desaparecer. Habían pasado la mayor parte de la noche en el auto y todavía estaban muy cansados, pero en general bien.

Solo tenían cuatro, cinco y seis años y ni siquiera se dieron cuenta de que algo había salido mal. Todo lo que sabían era que se habían divertido en el parque durante varias horas, habían cenado y dormido en el auto. Estaba tan enojada con Rennie que no quería ver su rostro ni escuchar su nombre por al menos un año. Eventualmente la perdoné, pero Rennie estaba tan avergonzada que no quería acercarse a mí ni siquiera cuando la invitaban.

AUNTIE REENIE

CAPITULO CUATRO

ESTABILLIDAD &
CASUALIDAD

Vivir en mi propio apartamento se sintió increíble. Dios me había bendecido para salir de la ayuda social y ganar suficiente dinero para pagar el alquiler y proveer para mis hijos. Fui a ver a la abuela Essie y le pregunté si Ron Ron podía venir a vivir con nosotros, pero una vez más, ella y sus tías decidieron que sería mejor que se quedara con ella. Me rompió el corazón. Quería que los niños crecieran con su hermano mayor, pero estaba fuera de mis manos. Él venía a visitarnos con frecuencia, y los niños siempre estaban emocionados de pasar tiempo con él.

"¿Sabes lo que significa esto, ¿verdad?" Dije con tono de hecho.

Nuestros apartamentos estaban en el segundo piso, con patios que daban al parque infantil, así que era fácil para nosotros vigilar a los niños mientras jugaban durante horas. Mi hermano menor, Richard, que tiene cinco años más que Davion, asumió el papel de su mentor. Los obligó a pelear con algunos de los niños del vecindario, asegurándose de que nunca se echaran atrás. Desde "veamos qué tan lejos puedes lanzar la pelota" hasta "quién puede vencer a quién", Richard constantemente les presentaba desafíos, asegurándose de que se convirtieran en jóvenes fuertes, intrépidos y capaces de defenderse. Por supuesto, él no se daba cuenta de la importancia de lo que estaba haciendo. Simplemente estaba siendo él mismo y jugando con sus sobrinos. Sin saber de las peleas en ese momento, me enteré de las travesuras de mi hermano menor años después. Es bueno que no lo supiera porque me mantuvo alejada del proceso de convertir a mis hijos en jóvenes resilientes, fuertes e intrépidos que eventualmente se convertirían.

Ron Ron también fue fundamental para ayudar a desarrollar los instintos de lucha en sus hermanos pequeños. Cuando no les enseñaba a jugar Street Fighter, Tekken o Mortal Kombat, les ponía los guantes de boxeo del tamaño de un hombre en sus pequeñas manos y los hacía pelear entre ellos. No estoy segura si es innato o si es algo que desarrollaron bajo la tutela de su hermano mayor y su tío, pero los tres de mis hijos tienen un borde extremadamente competitivo. Si uno aprendió algo, todos lo aprendieron. Y nunca había un debate interminable sobre quién era mejor en eso.

Aunque Sir Darryl era el más joven, Daniel era el más pequeño de sus hermanos. El apetito abundante de Sir como bebé le permitió compensar por ser un pequeño prematuro. Comenzó a superar a Daniel cuando llegó a los tres años. Pero el tamaño de Daniel de ninguna manera era una discapacidad. Si algo, su estatura pequeña lo motivó a mostrar a todos lo fuerte que era. Daniel ni siquiera había terminado el primer día en su nueva clase de segundo grado cuando recibí una llamada telefónica del director pidiéndome que fuera a la escuela. Daniel había golpeado a uno de sus compañeros de clase y estaba siendo enviado a casa por pelear.

No me sorprendió ni me enojé que Daniel golpeara al niño. Además de enseñarles a leer, escribir, cantar y tocar el piano, les enseñé a nunca pelear contra su hermano, solo por o con ellos. Les enseñé a nunca golpear a una niña, independientemente de lo que hiciera. Siempre alejarse de una confrontación con una niña, sin importar lo loca que ella decida actuar. Lo más importante, les enseñé a nunca permitir que alguien los intimidara. Les dije que si alguien alguna vez los golpeaba o incluso amenazaba con golpearlos, tenían todo el derecho de golpear a esa persona. Incluso los animé a asegurarse de salir de la pelea como el ganador.

Me doy cuenta de que mi consejo puede no haber sido políticamente correcto. Probablemente debería haberles enseñado resolución de conflictos, o dar la otra mejilla, pero a menudo fui intimidada cuando era niña. Como una introvertida no confrontacional, no aprendí a defenderme hasta bien entrada la edad adulta. Además, haber sido conocida como la niña inteligente en la mayoría de mis clases a veces causaba problemas. En tercer grado, Donna Franklin me golpeó en el estómago porque no le di las respuestas al examen. Llamé a mi tía Malinda para que me defendiera porque simplemente no era una luchadora, ¡por eso me aseguré de que mis hijos lo fueran!

Cuando llegué a la escuela, tuve que ponerme mi "sombrero de madre enojada" para el director. Él esperaba que me horrorizara el comportamiento de mi hijo, así que interpreté el papel.

"Ahora Daniel, sabes que no se supone que debes golpear a la gente", dije.

"Pero mami, me dijiste que . . .", lo interrumpí antes de que pudiera terminar su frase.

"¡Nada de golpear! ¿Me entiendes?"

59

Me sentí mal por ser tan hipócrita, pero no quería que el director supiera que yo era la razón por la que el niño pequeño fue golpeado. Tan pronto como subimos al auto, le pregunté a Daniel qué había sucedido.

"¡Pisoteó un charco y me salpicó agua! Y lo hizo a propósito. Comenzó a señalarme y a reírse, y todos los demás niños se reían de mí también. Así que lo golpeé en el estómago con todas mis fuerzas". Traté de ocultar mi risa, pero estaba realmente orgullosa de mi pequeño niño.

"Eso es correcto, cariño. Hiciste lo correcto."

"Pero dijiste que no más golpes", dijo él en tono confundido.

"Solo dije eso porque eso es lo que el director quería escuchar. Pero si ese chico hace algo así de nuevo, haz exactamente lo que hiciste".

"No lo volverá a hacer", dijo Daniel con confianza. Me alegró su certeza. Había surgido un problema y él sabía exactamente cómo manejarlo.

En la escuela primaria, los tres niños se peleaban de vez en cuando, pero Daniel peleaba mucho más que sus hermanos. Cuando sus compañeros se enteraron de que su padre estaba en prisión, a veces lo molestaban por eso. Daniel tenía un gran resentimiento hacia su padre. Desafiaba a alguien a decir algo malo sobre su papá y cuando lo hacían, se aseguraba de que se arrepintieran. Davion y Sir Darryl, por otro lado, no eran tan sensibles acerca de su padre como lo era Daniel. Pero siempre estaban dispuestos a intervenir en la pelea y defender a su hermano, incluso cuando él era el que empezaba.

Ser madre soltera tenía sus desafíos, pero la alegría que encontré en criar a esos tres pequeños hombres siempre superó las dificultades.

Había algo extremadamente especial en haber sido el recipiente a través del cual llegaron al mundo esos tres seres excepcionales. A menudo me sentía abrumada por la tristeza cuando pensaba en todos los momentos memorables que Ronald se estaba perdiendo. Ver salir sus primeros dientes, luego perderlos, aprender a montar en bicicleta sin ruedas de entrenamiento o estar en la lista de honor, ser seleccionado como estudiante del mes o ganar el primer lugar en un concurso de ortografía. Ronald no estaba allí para presenciar muchos de los pequeños hitos que cada uno de nuestros hijos alcanzaba, y eso hacía que mi corazón se sintiera pesado.

Cada noche antes de dormir, nos tomábamos de las manos y rezábamos. Los niños se turnaban para dirigir la oración, pero sin importar quién la dirigiera, cada oración contenía las mismas peticiones.

"Señor, te agradezco por este día, gracias por despertarnos esta mañana y empezar nuestro camino. Por favor bendice a mi mamá, papá, Bambama, Ron Ron y tío Richard, abuela Mattie y abuela Essie." Luego todos terminaban la oración con las mismas palabras: "y gracias Señor por traer a mi papá de vuelta a casa de la cárcel, en el nombre de Jesús, Amén". Durante los primeros años, aguantaba mis lágrimas hasta qué había acostado a los niños y llegaba a mi habitación. Entonces tomaba una toalla en el camino a la cama para evitar empapar mi almohada con lágrimas. Con el tiempo, desarrollé una fuerza que no sabía que tenía. Finalmente, llegué al punto en el que pasaba la noche sin llorar.

Daniel puede haber sido sensible sobre su padre en la cárcel, pero Ron Ron es el hijo que más sufrió como resultado de la ausencia de su papá. Ronald estuvo encarcelado durante los dos últimos años de la escuela secundaria de Ron Ron. Fue liberado, pero sólo fue un par de meses antes de ser arrestado de nuevo. Durante los cuatro años que Ron Ron estuvo en la escuela secundaria, Ronald estuvo encerrado. Ronald y yo hablábamos por teléfono varias veces cada semana, y me pidió que asistiera a la graduación de Ron Ron para representarlo en su ausencia. Las calificaciones de Ron Ron fueron excepcionales, y Ronald quería que supiera que estaba orgulloso de él, aunque no podía estar allí para decírselo. Tenía tantas emociones mezcladas, incluyendo la ira hacia Ronald por no estar allí para todos nosotros, pero especialmente para Ron Ron. Lamentaba el hecho de que no me hubieran permitido estar más involucrada en su infancia. Cuando su padre y yo nos casamos por primera vez, tenía sólo diez años, y lo adoraba. Tuvimos algunos momentos memorables juntos, pero la adicción y las dificultades de mi matrimonio con su padre me impidieron convertirme en la madre que me hubiera gustado ser para él.

Trabajando duro para cuidar de mis pequeños me mantuvo en movimiento. Antes de darme cuenta, su hermano mayor era un joven con un padre ausente. Ron Ron siempre mantenía una sonrisa en su rostro, sin importar lo que estaba pasando por dentro. El día de su graduación, Ron Ron tenía varias razones para estar lleno de emoción y alegría. Su abuela le compró un Ford Mustang blanco del año 1983 para su graduación y él y sus amigos se lo pasaron bien. Su tía Rennie, la abuela Essie y yo disfrutamos viéndolos celebrar. Después de que se nombraron todos los nombres y nos volvimos a reunir para abrazos y fotos, lo abracé y le dije lo orgullosa que estaba de él. Mientras lo abrazaba, le susurré al oído: "Tu padre también está orgulloso de ti". Ya estaba luchando contra las lágrimas, pero no tenía idea del efecto que mis palabras tendrían en él. Hasta ese momento, estaba feliz, riendo y disfrutando del día. Pero antes de que pudiera terminar mi frase, se dobló y rompió a llorar como si alguien lo hubiera golpeado en el estómago. Mientras sostenía a Ron Ron en mis brazos, las lágrimas que había estado conteniendo comenzaron a fluir libremente. Cuando lo solté, se apoyó en su nuevo Mustang y continuó llorando. Me sentí horrible por haber causado una erupción de dolor. Había estado tan consumida por mis propios problemas con Ronald que estaba algo desconectada de la experiencia de Ron Ron de crecer sin su padre. Nunca expresó su decepción y siempre parecía guardar su dolor adentro. Pero hoy era diferente. Todos nos quedamos parados y lo observamos dejar que las lágrimas fluyeran. Pasaron casi treinta minutos antes de que finalmente pudiera sacudirlo y aparentemente disfrutar del resto del día.

Ron Ron ya no tocaba la batería conmigo, pero ya era lo suficientemente grande para decidir a dónde quería ir los domingos. Eligió seguir yendo a la iglesia conmigo a Bible Enrichment. Inspirado por un popular grupo llamado los Gospel Gangstaz, incluso formó su propio grupo de rap llamado KPS, que significaba Reyes, Sacerdotes y Soldados. Ron Ron tenía muchos talentos. Era un genio en matemáticas y tenía un sentido del humor y una astucia que lo hacían divertido de estar cerca de. También tenía un estilo natural que hacía que sus hermanos menores quisieran ser como él. KPS se presentaba en la iglesia al menos una vez al mes y eran un gran éxito.

"Para la gloria de Dios que se cuente la historia, a Él se le deben todas las alabanzas y bendiciones que me han sido otorgadas a mí, un joven sacerdote justo e íntegro. Caminando por fe, no por vista, ¡soy muy cercano a Dios! No creen todas las bendiciones que estoy recibiendo, manteniéndome firme en la Palabra, viendo demonios retroceder. Mis creencias me dan alivio cuando estoy

desanimado y desorganizado, me arrodillé y oré. Él entregó su vida por nosotros, por eso estoy contento de representarlo, ya no soy el mismo, he cambiado, he reorganizado mi forma de pensar y ahora estoy bendecido, ya no contribuyo al desorden. Confiesen sus pecados y sean absueltos, sé que es real porque yo lo hice. Entonces, si te unes, hazlo con compromiso con el Dios supremo, y si no sabes por qué, es porque no lo has intentado . . ."

Ron Ron se había convertido en una especie de celebridad dentro de la iglesia y todos los jóvenes eran fanáticos de KPS, especialmente Davion, Daniel y Sir Darryl. Conocían todas las letras de cada canción y se enorgullecían mucho de que Ron Ron fuera su hermano mayor. Casi todos los miembros de la congregación, jóvenes y mayores, esperaban ansiosamente cada cuarto domingo; el domingo de la juventud, cuando podían verlos actuar.

Llevar a los niños a la iglesia los domingos era tan parte de nuestras vidas como enviarlos a la escuela de lunes a viernes. Ser miembro de una comunidad espiritual me ayudó a estabilizarme de muchas maneras. No solo estaba recibiendo un cheque de pago regular, sino que también conocí algunos nuevos amigos que eventualmente se convirtieron en una parte fundamental en la crianza de mis hijos. Tanto La Renee como Stella se convirtieron en mis mejores amigas al mismo tiempo, pero también eran como aceite y agua. Aunque me llevaba bien con cada una de ellas, no se llevaban bien entre sí. En ese momento era frustrante y algo difícil de manejar. Pero viendo hacia el pasado, puedo ver cómo cada una desempeñó su propio papel único en las vidas de mis hijos. Rena era un poco más masculina que yo. Me enseñó cómo hacer un salto y un lay-up. Siempre estaba dispuesta a acompañarme a llevar a los niños al parque y jugar al baloncesto, algo que probablemente no habría hecho sola. Rena estaba criando a su sobrino, Tony, que tenía la misma edad que Sir Darryl. Tony y Sir se convirtieron en los mejores amigos y siguen siendo amigos hasta el día de hoy.

Mientras que Rena era mi amiga de "pasar el rato y jugar con los chicos", mi relación con Stella estaba en una página completamente diferente. Era una soprano talentosa y trabajábamos juntas en la iglesia. También escribíamos canciones juntas y la incluí en algunas de mis sesiones de voces de fondo. En 1992, quedó embarazada y, después de unos meses, ya no pudo trabajar en su trabajo porque requería que estuviera de pie todo el día. Decidimos conseguir un apartamento juntas donde ella pudiera quedarse en casa y cuidar a los niños mientras yo trabajaba. Encontramos una unidad de tres habitaciones en un lugar llamado The Park Apartments en la ciudad de Lakewood. Fue perfecto para nosotras debido a la piscina, el parque infantil y el alquiler asequible. Lo mejor era que había una puerta en el lado sur del complejo que conducía directamente al campus de la escuela primaria. Casi parecía demasiado bueno para ser verdad.

La relación entre Stella y yo era como un matrimonio perfecto, ¡sin sexo! Yo pagaba dos tercios del alquiler y las facturas, y ella podía contribuir de maneras mucho más valiosas que el dinero. No solo cocinaba, sino que también se aseguraba de que las comidas fueran saludables y equilibradas. Mantenía el apartamento limpio, y con la ayuda de los niños, hacía la lavandería. Stella siempre les daba responsabilidades en la casa y los mantenía responsables. Les enseñó cómo ser diligentes, nunca comprometer sus valores y se aseguró de que entendieran la importancia de tener una buena ética de trabajo. También les enseñó el significado de la palabra articular. Stella era muy exigente en muchas cosas, lo que a veces pudo haber sido un poco molesto. Pero las lecciones que aprendieron de ella ayudaron a moldearlos en los hombres responsables que son hoy.

Comencé a darles lecciones de piano a mis hijos al mismo tiempo, pero Daniel fue el único al que no tuve que rogarle que pasara tiempo practicando. Era todo lo contrario. Tenía que persuadirlo para que cediera el banco del piano para que uno de sus hermanos pudiera tener un turno, ninguno de los cuales estaba tan emocionado como Daniel por tocar el piano. Sir Darryl no parecía estar interesado en la música en absoluto. Tenía que obligarlo prácticamente a prestar atención durante nuestras lecciones. No me importaba que no fuera un participante dispuesto. Estaba decidida a enseñarle, ya sea que quisiera aprender o no. Luego, cuando fuera mayor, podría elegir cómo usar la información en lugar de desear haberla aprendido.

A Sir Darryl siempre le gustó más jugar afuera con sus amigos que las lecciones de música, pero hubo un momento en que dejó de resistirse. No fue hasta años después que me di cuenta de que siempre le gustó, simplemente no le gustaba la idea de tener que hacer algo que sus hermanos hacían. A pesar de sus objeciones, yo no era el tipo de madre que permitía a mis hijos decidir por sí mismos lo que querían hacer. Mi madre me dio una opción cuando tenía siete años, y más tarde lamenté la elección que hice. No iba a cometer ese error con mis hijos. Una de las claves para ser un buen padre es usar la sabiduría y la experiencia como adulto para tomar las mejores decisiones para tus hijos hasta que sean lo suficientemente maduros para elegir por sí mismos.

Vivir en The Park Apartments fue un momento de crecimiento y estabilización extremos. Andre y Sandra Crouch continuaron contratándome para sesiones de voces de fondo, lo que se convirtió en un flujo constante de trabajo.

Entre 1985 y 1995, además de cantar en The Color Purple, tuve el placer de cantar como corista en el álbum Back on the Block de Quincy Jones, así como cantar en vivo detrás de él en el show de Johnny Carson. También actué en vivo en el programa de Johnny Carson detrás de Diana Ross y Julio Iglesias. Fui la voz de alto de los coros en la película de Tina Turner, What's Love Got to Do With It, y aparecí en una parte en cámara en la película Two Can Play That Game. Trabajé en la banda sonora de la película White Men Can't Jump, y canté como corista para Patti LaBelle, Aaron Neville, Bobby Caldwell, Billy Joel, Sinead O'Conner, Irene Cara, Roy Orbison, Leonard Cohen, Ricky Martin, Dave Stewart, Chaka Kahn, Tina Turner, Stevie Wonder y, la sesión más emocionante de todas, Michael Jackson.

A principios de 1992, fui invitada a hacer un viaje de dos semanas a Sudáfrica para cantar detrás de Andre Crouch. Estaba extremadamente emocionada porque sería la primera vez que viajaba al extranjero. Acepté de inmediato la invitación, pagué por mi pasaporte acelerado, le dije a mi pastora que estaría fuera por dos semanas y estaba en camino. No pensé dos veces en lo que sucedería en la iglesia mientras estaba fuera. Después del viaje, regresé a casa esperando simplemente volver a mi posición sin ningún problema, pero ese no fue el caso. Cuando llegué al ensayo, otra persona estaba sentada en mi teclado y me informaron que no estaría ministrando el siguiente domingo.

Un shock repentino me recorrió cuando me di cuenta de que podía haber perdido mi trabajo. ¿Cómo iba a pagar mi renta? ¿O cuidar a mis hijos? Sentí como si me hubieran quitado la alfombra de debajo de los pies y estaba de vuelta en el punto de partida. Asistí a la iglesia el siguiente domingo, aunque no estaba liderando la adoración. Después de que terminó la iglesia, la pastora Bam me llamó a su oficina

"Tendrás que decidir qué es más importante para ti, tu carrera o tu ministerio", dijo con certeza. Hasta ese momento, no había reconocido ni reconocido la diferencia entre ambos. Necesitaba buscar en mi interior, tomarme un tiempo y definir claramente mis roles. Sin duda, madre y proveedora eran los dos más vitales. Pero cuando se trataba de mi trabajo y carrera, aún no había decidido exactamente quién quería ser y cómo convertirme en esa mujer. ¿Me veía como una cantante de fondo o una líder de adoración, un músico o una ministra? Unos meses después, recibí una invitación que me obligaría a elegir exactamente quién era y qué era lo más importante para mí. Me invitaron a hacer una gira de tres meses por Japón, cantando de fondo para Stevie Wonder.

Cuando estaba en séptimo grado, pasaba todas las noches escuchando Songs In The Key of Life, aprendiendo cada palabra de cada canción. La música de Stevie Wonder me presentó un mundo completamente nuevo y me hizo pensar que algún día podría añadir el ser compositora a mi lista de habilidades. La posibilidad de conocer y trabajar con Stevie solo había sido un sueño desde mis días en la escuela secundaria. Con la oportunidad frente a mí, tuve que elegir entre hacer realidad ese sueño o quedarme en casa para cuidar a mis hijos y asegurar mi posición en la iglesia.

No podía imaginar rechazar la oportunidad de trabajar con Stevie Wonder, así que acepté el trabajo. Estábamos programados para ensayar todas las noches durante dos semanas antes de partir hacia Japón. Las primeras noches de ensayo, simplemente estaba emocionada de estar en la misma habitación que él. Pero hacia el final de la primera semana, comencé a sentirme preocupada. Traté de justificar mi decisión y hacerme creer que era lo correcto. La cantidad de dinero que ganaría con Stevie era cinco veces lo que me pagaban en la iglesia, pero eso era solo por tres meses. Después de la gira, no había garantías. También tenía que considerar el hecho de que estaría lejos de mis hijos por ese tiempo.

Cuanto más pensaba en las consecuencias de ir de gira, el sueño de trabajar con mi cantante favorito de todos los tiempos comenzaba a perder su brillo. Ya no estaba en paz con mi elección de aceptar el trabajo, y sabía lo que tenía que hacer. Pero saberlo y hacerlo no venían con la misma facilidad. Luché conmigo misma y fui a un ensayo más. Esa noche, quedó cristalino que realmente no tenía nada que hacer yendo de gira. Mis hijos necesitaban que estuviera allí. Mi trabajo necesitaba que estuviera allí.

Tan pronto como llegué a casa, recogí el teléfono y llamé a Nate, el director musical de Stevie. Debo haber sostenido el receptor en mi mano durante treinta minutos antes de marcar el número. Luché para formar las palabras para decirle que me estaba retirando del trabajo. No importaba cómo lo expresara, se sentía mal. La parte de Madre/Ministra de mí estaba absolutamente segura de que estaba haciendo lo correcto. Pero la niña pequeña de la escuela intermedia que cantaba "Ordinary Pain" hasta que no podía mantener los ojos abiertos, simplemente quería vivir su sueño.

"Hola Nate, soy Jackie." Mi corazón latía fuertemente.

"¿Qué tal Jackie?" Después de un momento de vacilación, forcé las palabras más allá del nudo en mi garganta. "No puedo ir."

"¿Qué quieres decir, que no puedes ir?" Dijo, enojado.

"No puedo dejar a mis hijos por tres meses. Y si voy, no tendré trabajo cuando regrese." Esperaba más refutación o debate, pero una vez que le dije por qué no podía ir, simplemente me deseó buena suerte.

"Está bien entonces, cuídate." Nunca volví a escuchar del equipo de Stevie Wonder. Destrozada porque estuve tan cerca pero no pude compartir el escenario con Stevie, encontré consuelo sabiendo que absolutamente tomé la decisión correcta. En unos pocos días, el dolor de rechazar mi trabajo soñado comenzó a disminuir y, una vez más, encontré la mayor alegría en compartir mi don con mis hijos.

Les había estado enseñando música durante al menos tres años, y aunque es posible que casi cualquier persona aprenda a tocar un instrumento, la habilidad para cantar es un don que solo puede ser cultivado, pero nunca enseñado. Mis hijos realmente tenían ese don. Muchos de los ejercicios y técnicas vocales que aprendí del Sr. Dunlap y de mi experiencia con los Young Americans como adolescente, se las enseñé a mis hijos. Una de mis formas favoritas de entrenar sus pequeños oídos era hacerlos cantar un acorde de tres notas, luego decirles a uno o dos de ellos que mantuvieran su nota mientras les daba instrucciones a los otros para moverse en intervalos de medio o de un tono hacia arriba o hacia abajo. Comenzaríamos con un acorde C mayor básico, luego pasaríamos a un C sus, F mayor, D menor, B bemol mayor, G menor, E bemol mayor, E disminuido, E menor y de vuelta a C. Se habían vuelto tan hábiles para cantar juntos que para cuando se presentaban frente a un público era algo natural para ellos.

En la Navidad de 1992, a las edades de seis, siete y ocho años, los hermanos Farris debutaron como grupo de canto. La congregación de nuestra iglesia se sorprendió al escuchar armonías tan intrincadas salir de esos cuerpos pequeños. Comenzaron con *God Rest Ye Merry Gentlemen*, Daniel cantó el primer solo, *"to save us all from Satan's power when we had gone astray . . . oh, tidings of comfort and joy, comfort and joy, oh tidings of comfort and joy"*. La segunda canción en la mezcla fue; *Go Tell It On the Mountain* Sir Darryl cantó el solo en el verso, *"While shepherds kept their watching o'r silent flocks by night. Behold throughout the heavens, there shone a holy liiiiiiight.".* Terminamos con Davion liderando ¡Oh *Holy Night!*. Aunque solo era una mezcla navideña en la iglesia un domingo por la mañana, estaba tan orgullosa como si acabaran de actuar en Carnegie Hall. Continuaron cantando con Andrae Crouch en un coro infantil y aparecieron como invitados musicales en un programa local de televisión por cable. Mis hijos cantaban en cada oportunidad que tenían, y Daniel creció diariamente como pianista, a menudo interpretando piezas clásicas durante el servicio juvenil. Debido a mi posición en la iglesia, el escenario siempre estaba disponible para ellos, y lo usé tan a menudo como pude para ayudarlos a perfeccionar sus habilidades. Davion y Daniel disfrutaban cada oportunidad para cantar o tocar.

Pequeño Sir, por otro lado, tenía que ser persuadido, sobornado o amenazado, pero eso no le impidió dar lo mejor de sí cuando llegó el momento de actuar. Ver a mis hijos brillar cada vez que estaban frente a una audiencia me dio la mayor alegría, así como una sensación de logro. Estaba claro que estaba haciendo algo bien.

RICHARD WILLIAMS (MY BABY BROTHER)

CAPITULO CINCO

HOGAR DE PAPÁ

Recuerdo estar sentada en la sala del tribunal cuando el juez pronunció las palabras "diecisiete años". Fue como si ambos hubiéramos sido sentenciados. Ronald a la cárcel y yo a una vida como madre soltera. Sumé los años y pensé que nuestros hijos serían hombres adultos cuando él regresara a casa. Ronald era lo suficientemente inteligente como para saber que, en el proceso del juicio, sus derechos constitucionales habían sido violados. Así que presentó una apelación basada en ese hecho.

Pasaron algunos años antes de que sucediera algo significativo. Pero en noviembre de 1992, cuando llegó el momento de que el juez decidiera sobre el caso de Ronald, nos pidió que escribiéramos cartas de referencia de carácter en su nombre. Aunque los niños estaban solo en primer, segundo y tercer grado, pudieron redactar estas cartas en sus propias palabras, con sus pequeñas manos.

La carta de Sir Darryl decía:

Estimado Juez Smith, Mi nombre es Darryl. Estoy en primer grado. Echo de menos a mi papá. Creo que tres años son suficientes. Por favor, déjelo volver a casa. Gracias

Daniel escribió:

Estimado Juez Smith,
Escribo esta carta porque extraño a mi papá. Pero sé que hizo algo malo. Pero sé que no lo volverá a hacer porque me quiere.
Por favor, dale una oportunidad.
Gracias,
Daniel Farris, segundo grado.

La carta de Davion decía:

Estimado Juez Smith, mi nombre es Davion Farris. Mi papá, Ronald Farris, ha estado en la cárcel el tiempo suficiente. ¿Podría por favor dejarlo salir? Él realmente es un buen hombre. Solo necesita una oportunidad. ¡Gracias! Tercer grado.

También escribí una carta al juez. Dice:

Estimado Juez Smith, le escribo simplemente para apelar a usted en nombre de mi esposo, Ronald Farris. Hemos estado casados durante casi nueve años, cinco de los cuales ha pasado en prisión. Una de las razones por las que sigo teniendo esperanza en nuestra vida juntos es que conocí a Ronald antes de su adicción a la cocaína. Él es un hombre inteligente, amoroso y cariñoso. Pero la razón principal por la que sigo teniendo esperanza es que conozco al Dios que es más poderoso que cualquier droga. Y Él pudo librarme de ese mismo hábito y hacer que pasara de ser beneficiaria de asistencia social, adicta a las drogas, a ser una madre trabajadora y responsable. Y le aseguro que Él ha hecho el mismo tipo de cambio en Ronald. Juez Smith, todo lo que le pido es que no nos haga perder más tiempo en un sistema penal que realmente no hace nada para rehabilitar a sus internos y nos permita tener una oportunidad, lo antes posible, de comenzar a reconstruir nuestra familia.

Gracias,

Sra. Jacquelyn Farris,

Todas nuestras cartas fueron presentadas ante el tribunal el 3 de noviembre de 1992. Tres semanas después, Ronald estaba programado para comparecer ante el tribunal nuevamente para la sentencia final. Decidimos que, además de las cartas, ver a la esposa y los hijos de Ron sentados en la sala del tribunal tendría un impacto positivo en la decisión del juez. Aunque quería estar allí para apoyarlo, odiaba sentir el peso del sistema de justicia. Me dolía saber que el destino de nuestra familia ahora estaba en manos de un solo hombre.

"¿El Sr. Farris ha renunciado a su derecho a un juicio rápido?"

"Sí, su señoría." Casi parecía como si su lengua estuviera pegada al paladar. Pude decir que estaba aterrorizado, aunque intentó mantener una mirada positiva en su rostro.

"El tribunal, habiendo aceptado su declaración de culpabilidad y con el acuerdo de la Oficina del Fiscal del Condado de Los Ángeles, está listo para pronunciar la sentencia." Mi corazón se hundió en el fondo de mi estómago mientras recordaba la última vez que estábamos en el tribunal, y Ronald fue sentenciado a diecisiete años. Apenas podía respirar mientras el juez volvía a hablar.

"Te has declarado culpable de dos cargos de robo en segundo grado." No era común que escuchara los cargos contra mi esposo.

Cuando lo hacía, la sensación era surrealista, como si alguien estuviera leyendo un guión de película. "En ambos cargos, las sentencias se ejecutarán de manera simultánea. Por lo tanto, se le condena a cuatro años, más una mejora de condena previa de cinco años en prisión. Su sentencia total será de nueve años". No estaba segura si sentirme aliviada o destrozada. Era menos que los diecisiete años originales, pero si seguía encarcelado por otros nueve años, nuestros hijos ya serían adultos cuando regresara a casa.

"El tribunal y la fiscalía han acordado otorgarle tres años y seis meses de tiempo cumplido". Ronald suspiró aliviado en voz alta. Supe entonces que era una buena noticia. Mientras el juez pasaba al siguiente caso, el abogado de Ronald nos hizo una seña para reunirnos en el pasillo. Explicó que Ron solo tendría que cumplir la mitad de su condena y, con los tres años ya cumplidos, ya podíamos ver la luz al final del túnel.

Exactamente un año después, en el otoño de 1993, Ronald fue liberado de la prisión. Fue directamente al centro de reinserción donde debía quedarse por un par de meses, pero se le permitía pasar los fines de semana en casa con nosotros. Fue un poco incómodo para Stella cuando Ronald regresó a casa, así que ella y su recién nacido hijo, Alex, se mudaron a un apartamento de una habitación en el mismo complejo.

El día antes de que fuera liberado del centro de reinserción, pasamos todo el día comprando, cocinando y decorando el apartamento. Los chicos hicieron un enorme cartel que decía ¡BIENVENIDO A CASA PAPÁ! Hicimos una gran fiesta para celebrar su llegada y darle la bienvenida a casa. Fue extremadamente emocionante para mí.

Seguí pensando en todas las veces que los chicos terminaban su oración con "gracias, Señor por traer a papá a casa desde la cárcel". Dios respondió sus oraciones y pudieron disfrutar de su padre mientras aún lo llamaban papá.

Ronald llegó justo a tiempo para estar presente durante la transición de mis bebés a jóvenes hombres. Tenían siete, ocho y nueve años y aún no habían alcanzado la pubertad. Estaba agradecida de que llegara en ese momento porque, aunque había podido manejar a mis tres pequeños hasta ese punto, me sentía incapaz de guiarlos en la siguiente fase de sus vidas.

Mis hijos habían crecido al punto en que necesitaba respetarlos como hombres. Tuve cuidado en la forma en que me comunicaba con ellos, haciendo mi mejor esfuerzo para ser firme sin gritar. No recuerdo exactamente dónde o cómo aprendí esto, pero era consciente de que levantar la voz a ellos sería contraproducente. Tal vez era porque era la única niña con tres hermanos, pero entendía que hay algo en la psique de un hombre que lo hace cerrarse cuando una mujer está gritando. Ya sea su madre, esposa, hermana o novia, el efecto de levantar la voz es el mismo. Te ignoran y pierdes un poco de respeto cada vez que lo haces. Sin embargo, de vez en cuando, tenía que recordarles a mis pequeños hombres quién estaba a cargo. Cuando me costaba captar su atención, un buen y largo pellizco firme en el costado era la herramienta perfecta para el trabajo.

Por mucho que disfrutara de mis hijos, a menudo me sentía abrumada. Ahora que su padre estaba en casa, estaba lista para entregárselos y disfrutar de un merecido descanso. Ronald no se opuso en absoluto. De hecho, le encantó la idea. Pusimos nuestras cabezas juntas y decidimos que sería mejor que él se quedara en casa y cuidara a los niños por un tiempo antes de volver al trabajo, dándoles a todos la oportunidad de volver a conocerse, y a mí la oportunidad de centrarme en mi carrera. Él había perdido tantos años con sus hijos, y ellos habían perdido a su padre. Pasó el siguiente año tratando de compensar el tiempo perdido, entrenando fútbol de bandera, béisbol de liga pequeña y llevándolos a las jaulas de bateo y clases de karate, todas las cosas que nunca se me hubieran ocurrido hacer por ellos.

Vivir en Lakewood ya no era conveniente debido a la distancia que tenía que conducir para llegar al trabajo o a una sesión de grabación vocal, así que decidimos mudarnos de regreso a Los Ángeles. Encontramos una casa en alquiler en la calle 38, entre Arlington y Western Avenue. Ahora que su padre estaba en casa y él había terminado la escuela secundaria, Ron Ron decidió dejar la casa de su bisabuela en Park Circle y venir a vivir con nosotros. Varios años antes, cuando los niños eran pequeños y su padre estaba lejos, a menudo pedían tener un cachorro.

Mi respuesta siempre fue: "espera hasta que tu padre regrese a casa y tengamos una casa con un patio". Después de mudarnos a la casa de la calle 38, finalmente pudimos conseguirles a los niños el cachorro que siempre quisieron, un Chow Chow chino negro. Ronald tenía a su esposa, sus cuatro hijos y un cachorro llamado Solomon bajo un mismo techo y la imagen estaba completa.

Los chicos adoptaron las identidades de Leonardo, Donatello y Michelangelo. Cuando venían amigos suyos a jugar, alguno de ellos tenía que ser Raphael. Las Tortugas Ninja Adolescentes Mutantes eran una serie de dibujos animados muy popular en esa época, y cuando no estaban haciendo tareas o deberes, eran tortugas. Así que cuando

Ronald les dijo que los iba a inscribir en una escuela de karate, casi se volvieron locos. Su tío Richard y su hermano mayor Ron Ron se turnarían para ser Maestro Splinter, dependiendo de quién estuviera disponible y dispuesto a entrar en su mundo de fantasía. Cada uno de ellos ya había preparado a los chicos para ser luchadores. Ahora, iban a aprender oficialmente cómo hacerlo bien.

Davion, Daniel y Sir Darryl comenzaron a asistir a clases de Kajukenbo en el verano de 1995. Kajukenbo es una forma de combate que combina karate, judo/jiujitsu, kenpo y boxeo. Aprendieron katas; un patrón coreografiado de movimientos diseñado para desarrollar la memoria muscular, como las escalas de un pianista. Practicaban diligentemente todos los días. Después de varios meses de lecciones, los instructores elegían a dos estudiantes y los hacían pelear entre sí, en preparación para el próximo torneo. Mis hijos eran claramente los competidores más fieros de la escuela, así que los instructores normalmente los ponían contra un niño mucho más grande y fuerte. Parecía injusto, pero era estratégico. En el torneo regional, no eligen oponentes basándose en su tamaño, sino en su edad y su nivel de habilidad. Así que no es raro que un estudiante tenga que luchar contra alguien mucho más grande. Los tres avanzaron rápidamente en los rangos. Al final del año, los tres habían llegado al tercer nivel y habían obtenido su cinturón naranja.

Davion recuerda su experiencia peleando con un chico llamado Nelson.

"Los dos teníamos doce años, pero yo media alrededor de cinco pies de altura y Nelson media cinco pies y seis pulgadas. Mis compañeros de clase me conocían como el maestro de las patadas. Redonda, creciente, mariposa, patada frontal, era hábil en todas ellas. Nos

dijeron que nos enfrentáramos, nos inclináramos y tomáramos posición. Sifu Darnell nos dio la orden con una sola palabra,

'¡Pelea!' Sin dudarlo, inmediatamente salté y le di una patada a Nelson en la cabeza.

'Punto, Davion'. Nos alineamos una vez más.

'¡Pelea!' ¡Una segunda patada a la cabeza!

'¡Whooooooooah!' rugieron mis compañeros de clase. Nelson estaba furioso, dos patadas consecutivas a la cabeza. Sus ojos estaban rojos de ira. Ronda tres,

'¡Pelea!' Convencido de que una tercera patada no tendría éxito, decidí intentar un puñetazo inverso. Nelson bloqueó ese puñetazo tan fuerte que me hizo tambalear de mi postura. Fue en ese momento que me di cuenta de la disparidad en nuestra fuerza en la parte superior del cuerpo. Nelson devolvió mi puñetazo inverso con uno propio. Con cada onza de fuerza que pudo reunir, comenzando en sus dedos de los pies, subiendo por sus pantorrillas, hasta sus muslos, su espalda, sus hombros, sus brazos, mi cara, ese puñetazo me levantó completamente en el aire y luego me lanzó al suelo. Apenas podía escuchar el rugido de mis compañeros de clase debido al zumbido en mis oídos. Sifu Darnell detuvo la pelea".

El torneo regional fue emocionante y aterrador para mí al verlo. Conocía lo suficiente a mis hijos como para saber que eran grandes luchadores, pero es doloroso ver a alguien golpear o patear a tu hijo. Sin embargo, mi miedo no duró mucho. Ronald y yo los observamos con orgullo mientras cada uno de nuestros hijos salía de su combate como el vencedor. Todos tenían un sentido extremadamente intenso de la competencia, insistiendo en ser los mejores en lo que hicieran.

~

Vivir con un solo ingreso se estaba volviendo cada vez más difícil con las crecientes necesidades de nuestra familia. Después de un poco más de un año, decidimos que era hora de que Ronald consiguiera un trabajo, lo cual también fue más fácil decirlo que hacerlo, considerando su historial. Afortunadamente, alguien estaba dispuesto a pasar por alto el pasado de Ronald y ofrecerle un trabajo.

Jackson Limousine era el servicio de limusinas número uno propiedad de negros en Los Ángeles, y el propietario, E.J. Jackson, era un hombre de corazón cálido pero astuto en los negocios. Él servía todos los eventos importantes de Hollywood y los shows de premios y era muy conocido entre las celebridades. Ronald se sumergió de cabeza, convirtiéndose en un superchofer mientras mantenía su posición de Papá Maravilla. Se levantaba al amanecer, limpiaba su auto, lo abastecía con golosinas y partía a buscar a su primer cliente.

Aunque ya no estaba en su antiguo campo de la electrónica, Ronald estaba orgulloso de ir a trabajar todos los días, y se mostraba en la excelencia con la que atendía a sus clientes. Después del trabajo o en sus días libres, sin embargo, todo se trataba de los niños. Comenzó por convertirse en el entrenador del equipo de fútbol de bandera de Sir Darryl. Sir estaba emocionado de tener a su papá como entrenador, pero estaba molesto de que no pudiera derribar a nadie. Hasta el momento en que su padre llegaba a casa, la única experiencia de los niños con los deportes había sido los juegos que jugaban durante el recreo en la escuela primaria o jugar baloncesto en Rowley Park con Rena y yo. La razón por la que Ronald comenzó con el fútbol fue debido a la temporada. Sin embargo, el béisbol fue su primer amor.

Tan pronto como terminó la temporada de fútbol, Ronald empezó a preparar a los chicos para el béisbol. Los llevó de compras y les compró a cada uno su propio guante y gorra. Compró aceite de guante Rawlings® y les mostró cómo ablandar sus guantes. Hizo todo, desde pasar por encima de los guantes con el coche hasta ponerlos debajo de la pata del sofá. Pensé que todo el ritual era un poco exagerado, pero pude ver que todos estaban disfrutando mucho el tiempo pasado con su padre. Compró un bate y algunas pelotas y de inmediato empezó a jugar a atraparlas con ellos, preparándolos para manejarse en el campo. También llevó a sus cuatro hijos a las jaulas de bateo cada vez que pudo. Ron Ron ya era un experto en béisbol; podía golpear lanzamientos de 90 millas por hora a los doce años. Los chicos siempre volvían a casa de su viaje a las jaulas presumiendo de cómo su hermano mayor era capaz de golpear la pelota a 100 millas por hora.

Ronald no escatimó en gastos cuando se trataba de comprar cosas para sus hijos. En cada uno de sus cumpleaños, los bañaba con tantos regalos que a veces pensaba que se excedía. Tal vez estaba tratando de compensar los años que estuvo ausente. Cada año, en Navidad, teníamos un tema para sus regalos. Un año fueron todas las cosas de las Tortugas Ninja: figuras de acción de las tortugas, incluyendo a sus archienemigos, Rhino man, Pizza face y Genghis Frog.

Les compró la furgoneta de fiesta de las tortugas, las loncheras de las tortugas, armas, escudos y máscaras de tortuga. La Navidad siguiente, fueron equipos de lucha. Compramos guantes de boxeo, vendas de mano, cascos, protectores bucales, almohadillas, nunchakus y un saco de boxeo pesado. Siempre estaban muy emocionados en la mañana de Navidad, y Ronald y yo disfrutábamos cada momento de ello.

~

Unos meses después de mudarse con nosotros, Ron Ron trajo a casa a una joven y la presentó como su novia. Pasaba todo su tiempo con ella y parecían estar enamorados locamente. Pronto, nuestra casa se convirtió prácticamente en su hogar. Pero debido a nuestras raíces religiosas, Ronald y yo no podíamos permitir que se llevara a cabo sexo fuera del matrimonio bajo nuestro techo. Cometimos el error de insistir en que se casaran. Desafortunadamente, fue un matrimonio breve y turbulento, que duró menos de dos años.

~

Cuando alquilamos la casa en la calle Treinta y ocho, no habíamos considerado profundamente en el "vecindario" que estaríamos viviendo hasta después de mudarnos, cuando llegó el momento de inscribir a los chicos en la escuela. Algunos amigos de la iglesia nos hablaron de una escuela privada cristiana a la que podrían asistir. El problema era que solo había vacantes para Daniel y Sir Darryl. Los inscribimos en la escuela cristiana de L.A., pero Davion tuvo que asistir a la escuela pública local, James A. Foshay Junior High School. Estaba nerviosa por tener que enviarlo allí todos los días, y resultó que mi nerviosismo no era infundado.

Hasta ese momento, Daniel era el hijo más conocido por pelear. Pero Davion solo había estado en la nueva escuela durante un par de semanas cuando me llamó justo antes de las tres de la tarde, diciendo que había tenido una pelea.

"Mamá, ¿puedes venir a buscarme, por favor? ¡Acabo de ser atacado!" Inmediatamente sentí que mi temperatura subía, comenzando en la parte superior de mi cabeza y extendiéndose hacia mi pecho, luego irradiando hacia cada uno de mis miembros. "¡Atacado!?" No podía creer lo que estaba escuchando.

Sabía que Davion era uno de los niños más amables y amorosos que existían. También era consciente de que había algo en ser el niño nuevo que hacía que los matones de la escuela sintieran que necesitaban probarlo, pero la pelea no fue justa. Cuando el principal instigador se dio cuenta de que Davion no le tenía miedo y estaba dispuesto y preparado para defenderse, llamó a dos de sus amigos para ayudarlo a golpear a Dave. El más grande de los tres chicos sostuvo a Davion mientras los otros chicos lo golpeaban.

En cuestión de minutos, estaba acelerando hacia el campus escolar, en la puerta donde Davion me dijo que lo encontrara. Estaba parado allí solo, todavía luchando contra las lágrimas para minimizar el daño. Esta fue la primera vez que alguien había intentado hacer daño a uno de mis hijos, y me sentí absolutamente homicida.

Solo se les permitía a los niños salir por la puerta donde encontré a Dave, así que esperamos. Le di instrucciones para que me los señalara tan pronto como los viera.

"Allí están", dijo, señalando a un niño del tamaño de un adulto y dos niños más pequeños que se dirigían hacia la puerta. La rabia que sentí canceló cualquier miedo que pudiera haber tenido en circunstancias diferentes. No me importaba que el niño fuera casi seis pies de alto. En ese momento, era una amenaza para mi hijo, y yo estaba allí para contrarrestar esa amenaza.

"¿Cómo te llamas?", dije mientras me colocaba directamente en su camino.

"DeAndre", respondió con una expresión desconcertada en su rostro.

"Déjame decirte algo, DeAndre, ¿ves a ese niño allí?", dije, señalando a Davion.

"Sí", respondió. Sus palabras casi se le atoraron en la garganta cuando se dio cuenta de quién estaba parado frente a él.

"Ese es mi hijo, y si alguna vez lo vuelves a tocar, si alguno de ustedes le pone las manos encima de nuevo", me di vuelta para enfrentar a los otros chicos que Dave me había señalado.

"No solo te daré una paliza, ¡te mataré!" Dije, señalando directamente con el dedo en su rostro. Continué mi diatriba por unos minutos, hablando con cada uno de los tres culpables, convenciéndolos de que mi amenaza era real. "¡Y quiero que vayas a casa y le cuentes a tu mamá lo que dije!" Justo cuando esas palabras salieron de mi boca, uno de los funcionarios de la escuela salió por la puerta.

"¿Qué está pasando?" preguntó.

"Estos chicos asaltaron a mi hijo hoy temprano, y estoy aquí para asegurarme de que nunca vuelva a suceder algo así". Justo cuando el joven abrió la boca para decir algo, lo interrumpí.

"Y es bueno que esté aquí, porque no veo a nadie más manejando esto. ¿Dónde estabas cuando estaban golpeando a mi hijo?"

"Señora, lamento lo que sucedió, pero no puedo permitir que amenace con matar . . ." Lo interrumpí nuevamente.

"No puedo permitir que nadie ponga las manos en mi hijo. ¡Y no estoy haciendo amenazas vacías! ¡Les estoy diciendo lo que va a pasar si estos tontos tocan a mi hijo de nuevo!" Podía escuchar risas de la multitud mientras comenzaban a dispersarse, pero los tres chicos se quedaron allí como si estuvieran esperando ser despedidos. El joven preguntó si quería ir a la oficina y hacer un informe, pero lo rechacé. Solo quería llevar a mi bebé a casa.

Unos días después, Kelvin, el principal instigador, decidió que no había acabado. Estaba avergonzado por el hecho de que la madre de Davion lo había "acosado" frente a los otros niños, y sentía la necesidad de defender su honor. Se enfrentó a Dave en la cancha de baloncesto, esperando que sus amigos lo ayudaran de nuevo. Pero yo había convencido a DeAndre, y lo dejó solo. Como antes, la pelea no fue justa. Davion le dio una paliza a Kelvin y lo dejó llorando con el rabo entre las piernas. Por supuesto, Davion no tuvo más problemas a partir de ese momento.

Entre la escuela y los deportes, yo seguía siendo firme en continuar la educación musical de los chicos. Para entonces, habían desarrollado su propio pequeño repertorio de canciones favoritas para cantar, como "The Reason Why I Sing" de Kirk Franklin y "Thank You" de Boyz II Men. Estas dos canciones estaban en la cima de su lista. La gente siempre estaba sorprendida por su habilidad para cantar una armonía tan ajustada, pero para ellos, se había convertido en algo natural.

N3D

El 23 de mayo de 1996, Ronald llevó a los chicos con él para recoger su cheque. Su jefe, E.J. Jackson, estaba celebrando su cumpleaños con una pequeña barbacoa en la oficina en West Boulevard. Ansioso por mostrar su talento musical, Ronald les pidió a los chicos que cantaran feliz cumpleaños. Empezaron al unísono, luego rompieron en armonía cuando llegaron a la tercera línea, y E.J. quedó impresionado. Inmediatamente tomó el teléfono y llamó a Jheryl Busby, el hombre que pasó muchos años como presidente y CEO de Motown Records y estaba en el proceso de abrir la división de R&B de DreamWorks Records. En dos horas, Davion, Daniel y Sir Darryl estaban en el estudio grabando su primer demo. Dime qué quieres de mí, ¿soy sólo un pretendiente? Quiero ser tu único y verdadero amor. Y si te gusta lo que ves cada vez que me miras, dime que soy tu único y verdadero amor. Esa pequeña melodía adolescente fue suficiente para conseguirles un contrato discográfico con DreamWorks. Con solo nueve, diez y once años de edad, N3D se unió a las filas de los grupos de hip-hop infantiles. El Sr. Busby nos conectó con Donald Walton, un abogado de entretenimiento, y en pocas semanas, nos ayudó a negociar su contrato.

Al principio, no sabía si estar feliz por la oportunidad que nuestros hijos tenían o tener miedo de a dónde los llevaría este camino. Era consciente de la naturaleza despiadada de la industria del entretenimiento y del trágico final que muchos niños famosos enfrentaban. Incluso en medio de mi emoción, había una parte de mí que quería proteger a mis hijos de una posible tragedia. Pero también había otra parte de mí que estaba emocionada por lo que estaba sucediendo y esperaba su éxito final.

"Por favor, papá, ¿puedo tener las llaves del coche? Prometo que no iré muy lejos. Solo quiero escapar, ver el mundo, dar un paseo con mi chica". Hasta ese momento, solo había escrito canciones de gospel, pero esta canción fluyó por mi mente como si Dios la hubiera colocado allí. Ronald y yo anticipábamos un conflicto entre la escuela y la carrera, así que decidimos educar a nuestros hijos en casa. La flexibilidad de nuestro horario nos permitiría tenerlos en el estudio algunos días y estudiando otros.

Sabía lo suficiente sobre la industria musical como para entender que los compositores y productores tenían la mayor participación financiera en el proyecto, así que insistí en que los niños fueran parte del proceso de composición de canciones. A los dieciocho años, escribí mi primera canción, Perpetual Praise. No debería haberme sorprendido lo natural que era la composición de canciones para mis hijos, pero me quedé impresionada por la facilidad con la que pudieron crear.

El señor Busby trajo a un joven productor llamado Gregg Pagani. En nuestra primera reunión con Gregg, tocó varias pistas para nosotros. Una vez que todos estuvimos de acuerdo en la mejor, comenzamos a lanzar ideas de temas. Este estilo de escritura era nuevo para mí. Estaba acostumbrado a sentarme al piano y escribir la música, la melodía y la letra al mismo tiempo. Pero este era el camino de la industria y mis hijos no tuvieron problemas para contribuir significativamente a la primera canción, "Already Have A Girl." Sir Darryl no estaba emocionado con la idea de ser parte de un grupo, pero noté una luz en sus ojos durante nuestras sesiones de composición. Se volvió más vocal de lo que había sido nunca, presentando ideas y letras brillantes. Como el más joven e independiente de sus hermanos, no esperaba mucho de él, pero fue durante este tiempo que tuve mi primera visión de la brillantez y creatividad del artista, mi pequeño Sir.

Jheryl Busby estaba extremadamente involucrado con los niños, a menudo nos invitaba a su hermosa casa en Hancock Park para nadar. También organizó para que trabajaran con Randy Gill, (hermano de

Johnny Gill) como entrenador vocal. Durante el próximo año, N3D recibió un adelanto de $50,000 de la discográfica, tuvieron varias sesiones fotográficas, grabaron cuatro canciones y actuaron en algunos eventos locales para mojar sus pies. Pero eso fue todo lo que pudieron hacer antes de que el Sr. Busby se enfermara. Todo el trabajo cesó porque él era quien había estado manejando personalmente el grupo. Las semanas se convirtieron en meses y sin darnos cuenta, un año entero había pasado sin una palabra de DreamWorks o Jheryl Busby. Finalmente tuvimos que aceptar la realidad de que este acuerdo no iba a ninguna parte. Me sentí aliviada y decepcionada al mismo tiempo. Pero ahora, mis hijos podían seguir con su vida normal, lo que realmente creía que era lo mejor para ellos.

SR. BROOKS

Avery Brooks ganó reconocimiento nacional en una serie de televisión llamada "Spenser for Hire", interpretando junto a Robert Urich en 1985. Eso llevó a un spin-off de su propio programa titulado "A Man Called Hawk", el hermano más genial de la televisión en ese momento. El Sr. Brooks es más conocido por su papel como el Capitán Benjamin Sisko, el primer capitán negro en la serie de televisión Star Trek: Deep Space Nine. Con su voz rica, distintiva y elocuente, a menudo era llamado para narrar documentales o como voz para comerciales. Avery tiene una personalidad intimidante y parece más grande que la vida; pero en realidad, es uno de los seres humanos más sencillos, amables y considerados que alguien podría tener el placer de conocer.

Ronald experimentó ese placer el día en que el Sr. Brooks se subió a su limusina.

Los dos conectaron inmediatamente, y el Sr. Brooks comenzó a pedir a Ronald para todos sus viajes. Al poco tiempo, Ronald se había convertido en su conductor personal. Regresaba a casa todos los días con una nueva historia sobre cómo y por qué disfrutaba trabajando para Avery. Una vez, incluso lo trajo a nuestra casa y lo invitó a entrar para conocer a la familia. Cuando entró por la puerta, quería saltar y gritar "¡Avery Brooks ESTÁ EN MI CASA!", pero se mantuvo fresco, sin dejar que su emoción se mostrara. Los niños no tenían ni idea de a quién estaban conociendo. Fueron ellos mismos y burbujeantes, amables y respetuosos de siempre. El Sr. Brooks estaba completamente impresionado con la familia de Ronald, lo que los hizo encariñarse aún más entre ellos.

Por supuesto, Ronald insistió en que los niños cantaran para el Sr. Brooks antes de que se fuera. Para entonces, habían dominado su repertorio y comenzaron a cantar su canción favorita de Boys-2-Men:

"I was young (BOP), and didn't have nowhere to run, I needed to WAKE-UP, and see what's in front of me, nah nah nah! There has to be a better way, sing it again a better way, to show I'm grateful, YEAH-OOP . . ."

Siempre obtuvimos la misma reacción cuando la gente escuchaba a los niños cantar esta canción. El Sr. Brooks quedó impresionado. "Tengo que encontrar una manera de hacer que aparezcan en el programa", dijo con su tono autoritario y directo, su voz resonando en la habitación como el rugido de Mufasa. Se refería a Star Trek: Deep Space Nine. Ese momento fue realmente surrealista. Pasaron varias semanas antes de que escucháramos algo más sobre los niños apareciendo en el programa. Pero durante ese tiempo, Ronald siguió conduciendo a diario al Sr. Brooks. Después de algunas semanas, Ronald se dio cuenta de que él estaba haciendo todo el trabajo de conducción, pero E.J. era quien recibía todo el dinero. Desde que se había convertido en el conductor personal de Avery Brooks, parecía más práctico para Ronald conseguir su propio coche y cortar al intermediario. Ronald inició su propio negocio y compró un Cadillac Fleetwood Brougham negro de 1996.

El Sr. Brooks se tomó el tiempo de su apretada agenda para llevar a nuestra familia a un viaje a Magic Mountain. Y no solo nos dio el dinero para ir; fue con nosotros. Ronald, yo, Davion, Daniel y Darryl pasamos el día con Avery Brooks y sus tres hijos, Cabral, Asante y Ayana. Ya pensábamos muy bien de él, pero este gesto superó cualquier cosa que hubiéramos anticipado de un hombre de su estatura. Nos mostró lo especial que era. Pero la amabilidad no se detuvo allí. Un día, se dio cuenta de que Ronald no estaba tan alegre como de costumbre.

"¿Está todo bien, Sr. Farris? ¿Cómo está la familia?" Estaba genuinamente preocupado.

"Todo está bien. Solo echo de menos a mi esposa. Está en una gira de tres semanas por Europa. Y cuando regrese a casa, tendrá que ir directamente a Australia." Explicó Ronald. Sin dudarlo, el Sr. Brooks pronunció dos palabras simples: "Deberías ir". Sacó su teléfono móvil y en quince minutos compró un boleto de ida y vuelta a Sydney, Australia para que Ron pudiera visitarme. Rena se quedó en casa y cuidó a los niños mientras Ronald y yo disfrutábamos de nuestro tiempo juntos en Sydney. Yo estaba cantando como corista para un joven artista llamado

Joshua Kadison, y prácticamente todas las noches hacíamos presentaciones en la gira. El manager organizó para que tuviéramos un día libre en Sydney, y pude pasar tiempo en un barco con mi esposo, tomando fotos frente a una de las estructuras más famosas y distintivas del mundo: la Ópera de Sydney.

Poco después de regresar a casa, el Sr. Brooks nos dijo que dirigiría un episodio especial del programa titulado "Far Beyond the Stars", una historia de ciencia ficción caprichosa y retorcida de una alucinación de viaje en el tiempo. Estaba ambientado en los años 50 y, como director, Avery logró que los chicos aparecieran en una de las escenas como un grupo de doo-wop que cantaba en la calle. Solo estuvieron en cámara unos treinta segundos, pero esos fueron los treinta segundos más emocionantes de sus vidas. Ronald y yo observamos con asombro cómo nuestros hijos trabajaban en el set de Star Trek con el Capitán Sisko, recibiendo tratamiento VIP durante todo el día. Fue una experiencia inolvidable. Ronald continuó conduciendo para el Sr. Brooks hasta que grabaron el último episodio en junio de 1999. Nos entristeció ver que esa temporada llegaba a su fin, pero la impresión que dejó en nuestras vidas sigue presente hasta el día de hoy."

El Sr. Brooks no fue la única celebridad que Ronald llevó a nuestra casa para conocer a nuestra familia. Marques Houston, Jerome Jones y Don Santos, mejor conocidos como el grupo de R&B, Immature, estaban programados para ser presentadores en los premios Grammy de 1996, pero necesitaban detenerse y cambiarse a sus esmóquines. Querían evitar la prisa, y como vivíamos a solo unas pocas millas del lugar, Ronald convenientemente se ofreció a llevarlos a nuestra casa. Eran unos años mayores que nuestros hijos y vivían la vida que N3D soñaba. Ronald sabía que los chicos estarían emocionados de conocerlos. Se aseguró de que tomaran muchas fotos. Fue un día que nuestros hijos nunca olvidarán.

DAVION

CAPITULO SEIS

HOMBRES JOVENES

En 1998, tuvimos que despedirnos de la abuela de Ronald, Essie Burkley. Ella había sido la roca y matriarca de la familia Burkley durante décadas; se sintió como el final de una era. Essie trabajó durante muchos años como conserje en el Distrito Escolar Unificado de Los Ángeles, ahorró su dinero y compró varias propiedades. La madre de Ronald, Mattie, había sido plagada por la adicción y el encarcelamiento durante muchos años, pero la abuela Essie intervino y cuidó de todos sus nietos, e incluso de su bisnieto, Ron Ron.

Después de que ella falleció, compramos la casa en la que había criado a Ronald y sus hermanos. Park Circle era ahora el hogar de la familia Farris, y los chicos estaban emocionados. Tenían doce, trece y catorce años y los próximos años demostrarían ser algunos de los mejores años de nuestras vidas. Yo todavía trabajaba en la misma iglesia y toda nuestra familia asistía fielmente todos los domingos. Ron Ron y su grupo de rap, KPS, eran amados por toda la congregación, hasta que una de las madres de la iglesia olió marihuana en ellos y se quejó con el pastor. Ya no se les permitió ministrar y todos estábamos desconsolados. Ron Ron estaba tan devastado que dejó la iglesia, para nunca más volver, lo que dejó una cicatriz permanente en mi alma,

LA MISION DE LOS ANGELES

La Misión de Los Ángeles, ubicada en el centro del distrito de Skid Row, es un lugar al que los sin hogar pueden acudir diariamente para recibir una comida caliente y un lugar cálido para dormir por la noche. El único requisito es que asistan primero al servicio de la capilla por la tarde. También proporcionan un programa de rehabilitación residencial de doce meses.

Los días de Ronald como conductor de limusinas terminaron cuando le ofrecieron un puesto como capellán en la Misión. Esto fue perfecto para él porque pudo guiar a un grupo de hombres por el mismo camino hacia la sobriedad que había navegado con éxito. Ronald a menudo nos pedía a los chicos y a mí que cantáramos en los servicios de la capilla por la tarde. También nos presentábamos en sus extravagancias anuales de Acción de Gracias y Navidad. Cada año, acordonaban bloques enteros de la ciudad, preparaban comidas festivas y regalaban regalos a miles de necesitados. Ronald estaba en su elemento trabajando con los hombres en la misión. Era una fuente de orgullo para él.

El trabajo de Ronald en la Misión nos permitió hacer mucho más como familia de lo que habíamos podido hacer antes. Compramos una propiedad de tiempo compartido y llevamos a los chicos de vacaciones tan a menudo como pudimos. Big Bear, Lake Tahoe, San Diego, Puerto Escondido y Rosarito Beach fueron algunos de nuestros lugares favoritos. La vida que estábamos viviendo ahora parecía una extensión de muchas de mis experiencias de la infancia. Cada vez que llevábamos a nuestros hijos de vacaciones, recordaba los viajes a Val Verde, Big Bear o Disneyland con mis padres. Fue extremadamente gratificante para nosotros poder restaurar el sueño que se perdió cuando mis padres se divorciaron. Ese sueño no solo incluía a nuestros hijos, sino también a uno o más de sus amigos. A veces, Emmanuel, Moses, Tony o Evan nos acompañaban en estos viajes.

En medio de nuestras excursiones familiares y el florecimiento de nuestro ministerio, mi carrera continuó floreciendo. Además de cantar en coros de artistas importantes, una de mis principales fuentes de ingresos era cantar demos para productores y compositores, y pude trabajar con algunos de los mejores en el negocio. Gerry Goffin estaba entre aquellos que me contrataron para dar vida a su música. Gerry, junto con su esposa Carole King, fue responsable de escribir éxitos como "Will You Love Me Tomorrow", "My Imagination" y el megaéxito de Aretha Franklin, "Natural Woman". Fue un honor para mí tener la oportunidad de trabajar con una leyenda como él. A pesar de su estatus, parecía estar igualmente emocionado de trabajar conmigo. Inicialmente me contrató para cantar sus demos e intentar vendérselos a otros artistas, pero después de escuchar mi voz en su música, decidió presentar las canciones a compañías discográficas.

Gerry decidió que juntos nos convertiríamos en el próximo Clive Davis y Whitney Houston. Cuando me contó lo que tenía en mente, por supuesto, estuve completamente de acuerdo. Organizó varias reuniones con ejecutivos de diferentes disqueras y todos parecían estar interesados. Pensé que esto sería mi gran oportunidad, pero después de varios meses sin ofertas reales sobre la mesa, poco a poco comencé a perder la esperanza. Agradecía tener mi trabajo en la iglesia, y con el tiempo, encontré más satisfacción en cantar alabanzas a Dios cada domingo de lo que nunca imaginé que tendría.

En mi primer encuentro con mi iglesia, Bible Enrichment, en 1989, supe de inmediato que había algo especial en ella. Incluso después de toda una vida asistiendo a la iglesia, nunca había escuchado una enseñanza como esa. Dios me había preparado para el puesto de líder de alabanza bajo el ministerio de la Pastora Bam, y fue una conexión especial. Me llevó un tiempo aprender que convertirme en un artista secular celebrado no era parte de mi destino. Después de algunos años liderando la adoración, se convirtió en algo más que un trabajo para mí, se convirtió en mi pasión. Mi hermano Anthony se unió a la iglesia poco después de que comencé a trabajar allí y fue parte del equipo de alabanza. Los dos escribimos muchas de las canciones que cantábamos en la adoración del domingo por la mañana. Canciones como "All Day", "You Don't Have To Tell Me Twice", "Praise & Worship", "In the Presence of the Lord", "So Nice" y muchas otras se convirtieron en una parte regular de nuestra experiencia de adoración del domingo por la mañana. Una de nuestras canciones de alabanza más memorables resultó ser la primera canción que escribí a los dieciocho años, "Perpetual Praise".

"Alabanza perpetua y oración continua llevan la alegría del Señor contigo en todas partes. Oración perpetua y alabanza continua, ¡reconócelo en todos tus caminos!" ("Perpetual praise and continual prayer take the joy of the Lord with you everywhere. Perpetual prayer and continual praise, acknowledge Him in all

of your ways!") Parecía que todo el mundo que asistía a la iglesia era impactado por nuestra música. Una canción, en particular, parecía tener el mayor efecto en todos los que la escuchaban, "Mi Ayuda" ("My Help."). Esta canción era especial porque de todas las canciones que había escrito, esta fue la única que me vino en un sueño. Dios literalmente me dio esta canción mientras dormía. Aunque fui yo quien se levantó por la mañana, fue al piano y la escribió, no puedo tomar todo el crédito por escribirla porque era casi como si me la estuvieran dictando. La unción en nuestra adoración, y especialmente en esta canción, impactó a todos los que experimentaron el servicio, incluyendo a Lorena Munson, una ejecutiva discográfica y amiga de la pastora Bam. Ella quedó tan conmovida por el poder de la música en Bible Enrichment que nos ofreció un contrato discográfico.

Tuvimos que encontrar un nombre para el grupo, así que tuvimos una reunión con los líderes del departamento de música. *Coro de Bible Enrichment* sonaba un poco cursi, así que lanzamos varias ideas hasta que finalmente se nos ocurrió el nombre Propósito de Bam Crawford, ya que todo se había unido bajo su ministerio.

"Mi Ayuda" fue un gran éxito. El Coro de Brooklyn Tabernacle, así como los populares artistas de gospel Ron y CeCe Winans y Donnie McClurkin grabaron la canción, lo que le valió reconocimiento internacional.

TASHA SMITH

Un domingo después de la iglesia, una joven que recién se había convertido en miembro se me acercó y se presentó. Me dijo cuánto había bendecido su vida el ministerio de música. Respondí diciéndole que ella era tal bendición para mí como yo lo había sido para ella.

Debido a su personalidad vivaz y su apasionada adoración, destacaba en la congregación. Ver a personas comprometidas en la adoración como ella siempre me hacía sentir que estaba haciendo un buen trabajo como líder de adoración. Era una chica hermosa, alta y esbelta, con un gran pelo rizado. Tenía una sonrisa brillante, contagiosa y una energía cautivadora. Su nombre era Tasha Smith.

"Deberíamos juntarnos alguna vez", dijo. Era una frase que había escuchado muchas veces, pero en muchos casos, estaba indecisa de aceptar la invitación por una razón u otra. Esta vez, sin embargo, fue diferente. No sentí nada detrás de sus palabras, sino sinceridad. Era alguien que quería conocer. En unas pocas semanas, Tasha y yo nos encontramos para almorzar y fue maravilloso. Fue refrescante conocer a alguien con quien disfrutaba pasar tiempo. Ser esposa, madre y ministra era hermoso, pero siempre venía con sus demandas. Pasar tiempo con Tasha era diversión pura y simple.

Invité a mi nueva amiga a casa para conocer a mi familia y cenar. Tan pronto como conoció a los chicos, quedó prendada.

"¡Oh Dios mío, son taaaaan adorables! ¡Estos chicos deberían estar en la televisión!" Dijo. Tuvieron el mismo tipo de efecto en Tasha que habían tenido en E.J. Jackson y Avery Brooks. Inmediatamente hizo una llamada telefónica y los conectó con su agente. Programamos otra sesión de fotos para que los chicos pudieran tener fotos individuales. Las únicas fotos que habían tomado hasta ese momento eran en grupo. Una vez que se terminaron las fotos, el agente comenzó a enviarlas a audiciones. Tasha los entrenó en actuación y en el proceso de audición. Sin embargo, no pudo prepararlos para la decepción de ser rechazados la mayoría de las veces. En el entretenimiento, es común reservar solo un porcentaje muy pequeño de los programas para los que se audiciona.

A veces, no reservas nada en absoluto. Este fue el caso con los chicos. Salieron a docenas de audiciones, pero parecían ser incapaces de recibir una llamada de regreso. Después de varios meses, Davion y Sir Darryl renunciaron a la actuación. Pero algo dentro de Daniel lo mantuvo de no rendirse, y eventualmente valió la pena.

~

El cabello de Daniel era muy largo y lo llevaba en un gran afro, o de vez en cuando lo trenzaba en cornrows para él. Cuando llevaba sus trenzas, parecía más un matón que el intelectual, músico talentoso que era. No le importaba que siempre lo eligieran para papeles de matón, siempre y cuando lo eligieran. A los pocos meses de que sus hermanos se rindieran, Daniel consiguió un papel pequeño en una serie de televisión llamada Boston Public. Poco después, lo contrataron para otro papel en un drama televisivo titulado Judging Amy.

También consiguió un pequeño papel en una película titulada "Our America". Casi fue elegido para el papel principal, pero no pudo trabajar las horas requeridas para el papel principal porque era demasiado joven.

Daniel trabajó en unos cuantos episodios más de "Boston Public" antes de conseguir el papel más inolvidable de todos sus papeles. Daniel interpretó el papel de un miembro de una pandilla asesina en la serie de televisión "The District". Fue el centro de una escena definitoria en la que montó en su pequeña bicicleta BMX por el centro de Los Ángeles. Sostuvo el manillar con su mano izquierda y una pistola Glock por su lado derecho. Después de montar unas cuantas cuadras, sacó la pistola de su lado y comenzó a disparar. La gente se dispersó en todas direcciones, pero aún así logró dar en su objetivo. Luego saltó de su bicicleta, dejándola caer al suelo, dio unos pasos y disparó un último tiro, a quemarropa, en su víctima, acabando con el trabajo.

La última parte de la escena se grabó con el camarógrafo acostado en el suelo y Daniel de pie sobre él, por lo que lo vimos desde la perspectiva de la víctima. Un escalofrío me recorrió todo el cuerpo al verlo por el increíble realismo del momento. Era como si estuviera viendo a mi hijo de quince años cometer un asesinato. A pesar de que no tenía líneas, interpretó el papel con una precisión emocional tal que cada movimiento que hizo, cada expresión en su rostro ayudó a contar la historia. Claramente había una parte de la experiencia de mis hijos de la que podía sacar provecho.

La vida de un joven hombre negro en Inglewood estuvo llena de desafíos únicos. Los barrios estaban separados por líneas de pandillas rojas o azules, y nos tocó vivir en una zona roja. Esto significaba que, guste o no, estábamos gobernados por ciertas reglas no escritas que, si se ignoraban, podrían costarle la vida a un joven. Ron Ron había enseñado a sus hermanitos esas reglas y constantemente les había enseñado cómo comportarse. Sin embargo, su enseñanza no pudo protegerlos de algunos enfrentamientos inevitables con pandillas rivales.

Un día después de la escuela, Daniel y sus hermanos llegaron a la casa furiosos y frustrados porque hombres adultos los habían amenazado de manera desafiante. Tan pronto como me contaron lo que había sucedido, me dirigí hacia la puerta para ir a buscar al culpable.

"¡Mamá! ¿A dónde vas?" preguntaron prácticamente al unísono.

"¡Voy a buscar a estos tontos para ponerlos en su lugar!" La madre osa en mí no se dio cuenta de que ya no era mi trabajo proteger a mis cachorros.

"¡NO Mamá, no puedes hacer eso!" Casi tuvieron que contenerme físicamente, pero finalmente escuché lo que estaban diciendo y decidí dejarlo así.

Me desconcertó la mentalidad de un pandillero. Nunca entenderé cómo se puede reclamar un territorio que no es propio y hacer enemigos de tu propia gente. Me molestó en el alma que mis hijos fueran obligados a aprender los límites en el mapa invisible de las pandillas, los colores de cada pandilla, las danzas y los signos de las manos de las pandillas. Al principio, solo los veía como terroristas, pero con el tiempo aprendí que muchos de ellos eran amigos, vecinos o compañeros de clase que, como mis hijos, tenían padres que cumplían largas condenas por delitos relacionados con las drogas. Mis hijos iban a la escuela con los miembros de la pandilla, se reían con ellos, jugaban baloncesto con ellos en el parque y crecían junto a ellos. Daniel cuenta la historia de uno de sus encuentros más aterradores con algunos miembros de la pandilla:

"Fue una cara familiar la que nos salvó la vida. Estábamos caminando por la calle Kelso cruzando Flower después de la escuela, de regreso de la YMCA de Inglewood, cuando un carro bajó por la calle tan rápido que todos lo miramos con asombro. Pensamos que harían trompos y se irían como los espectáculos callejeros habituales que habíamos presenciado. Sin embargo, justo cuando el carro nos pasó, hicieron un giro en U, quemando rueda todo el camino, enviando humo al aire desde las llantas traseras. El carro luego se detuvo y tres adolescentes morenos que no eran mucho mayores que nosotros subieron hasta la mitad de la ventana y se sentaron en el marco con las piernas todavía dentro del carro. Nos quedamos allí parados y miramos, sin darnos cuenta de que todo este espectáculo era para nosotros. Luego, de repente, casi al unísono, todos los jóvenes empezaron a golpear sus pandillas, gritar el nombre de su barrio mientras retorcían los dedos para representar visualmente su pandilla.

Insultaron a la pandilla rival nativa del barrio donde casualmente estábamos caminando, obviamente asumiendo que éramos miembros de esa pandilla. En ese momento todo se ralentizó. Miré de cerca cada figura. Uno tenía su mano cerca de su regazo y sostenía una pistola oscura de unas 9 pulgadas de largo. Los demás no tenían su otra mano fuera en absoluto, lo que me dejó asumir que cada uno de ellos estaba armado. Luego miré la cara del tercero y me di cuenta de que iba a nuestra escuela. Lo había visto todos los días e incluso compartía una clase con él. Nunca dijo mucho, pero siempre hablaba cuando pasaba. Esta vez, cuando noté su cara, simplemente levanté las manos y me quedé allí parado, sacudiendo la cabeza como si quisiera decir: "no somos nosotros". Crucé miradas con mi compañero de escuela y vi cómo conectaba con el miedo que estaba experimentando en ese momento. En ese momento, casi entró en pánico. Comenzó a decirle a los otros chicos que estaban colgados del auto gritando: "¡No son ellos! ¡No son ellos!" Casi inmediatamente, volvieron al auto y el conductor aceleró como si estuviera decepcionado por el encuentro fallido.

No todos los encuentros fueron así, pero tener esta experiencia cambió la forma en que veíamos incluso el intercambio más sutil con otros jóvenes. Estábamos inherentemente en conflicto, conscientes de nuestra mortalidad demasiado temprano, traumatizados por personas que se parecían a nosotros y caminaban por nuestro mismo camino.

Pasaron muchos años antes de que mis hijos me contaran sobre ese episodio. Sabían que no hubiera podido manejarlo. Estoy tan agradecida de que se haya desarrollado de la manera en que lo hizo. La idea de perder a mis hijos por la violencia de pandillas es inimaginable. A menudo me acusaban de ser demasiado protectora de mis hijos, pero nunca me preocupé por lo que pensaban los demás. Incluso Ronald me acusaba de ser demasiado madre gallina.

"Deja que esos chicos sean chicos", decía siempre. Quería que tomaran el autobús a la escuela, pero odiaba la idea y a menudo los llevaba en auto.

Tan pronto como Daniel cumplió dieciséis años, le permitimos comprar un automóvil con el dinero que había ganado actuando. Compró un Honda Civic hatchback plateado completamente nuevo. Me sentía mejor sabiendo que mis hijos ya no tenían que depender del transporte público.

Daniel había demostrado que podía ser confiable con el privilegio de poseer un automóvil. Siempre había sido un chico único. Incluso a la edad de siete años, comenzó a establecer su independencia. Por la noche, elegía su ropa para la escuela al día siguiente. Incluso la planchaba y la dejaba ordenada. También preparaba meticulosamente su almuerzo por la noche y se aseguraba de estar listo para enfrentar cualquier desafío que pudiera surgir al día siguiente. Daniel era el único de sus hermanos que pedía lavar los platos. De hecho, es la única persona que he conocido que quería limpiar la cocina a los siete años.

Antes de su primer día en la escuela secundaria, Daniel se había propuesto recibir calificaciones perfectas en todas sus clases. Llegó a esta conclusión en su graduación de la escuela intermedia cuando vio quién había sido nombrado el valedictoriano.

"¡Sé que soy más inteligente que ella!", declaró. Odiaba la idea de que sus calificaciones no fueran un reflejo real de su nivel de inteligencia. Entonces, se propuso nunca permitir que eso volviera a suceder, y logró su objetivo hasta el segundo semestre de su segundo año. El día en que se enviaron a casa los informes de progreso, Daniel irrumpió por la puerta principal. Estaba claro que estaba furioso. Estaba hirviendo de rabia porque había recibido una C en una de sus clases. De todas las clases en las que podía haber sacado una mala nota, sacó una C en música.

Inmediatamente supe que había habido algún tipo de error. No había forma de que mereciera una C en nada, especialmente en música, la misma cosa que yo había estado enseñándole toda su vida. Daniel había logrado sacar una A en todas las demás clases, en cada semestre. Ya fuera inglés de honores o álgebra II, Daniel sacaba una A. Siempre se tomaba el tiempo para establecer una buena relación con sus profesores, y a todos les encantaba tener un estudiante como Daniel en su clase, excepto el profesor de música. Daniel era un poco demasiado desafiante para él. Como su madre, aprendí a lidiar con su naturaleza exigente cuando solo tenía ocho meses y se negaba a quedarse en el corralito. Aprendí a respetar su brillante mente joven. Les di a todos mis hijos el espacio para determinar quiénes querían ser y cómo querían ser. Pero el profesor de música no había tenido el privilegio de años de experiencia tratando con el genio que era Daniel Anthony Farris.

"Obtuve una C en música", dijo, conteniendo las lágrimas. Estaba tan enojado que apenas podía controlarse. Tan pronto como escuché lo que dijo, fue como si me hubiera transferido su enojo a mí.

"¿QUÉ?", realmente no podía creer lo que estaba escuchando. No tenía sentido.

"¿POR QUÉ?", pregunté, sin importarme realmente cuál era la respuesta. Ya había concluido que el profesor había cometido un grave error, uno que estaba segura de que corregiría después de hablar con él.

Todavía furioso, Daniel explicó el incidente que supuestamente era el origen del problema.

"Estábamos en el autobús, listos para ir a un desfile del Día de Martin Luther King y yo llevaba una gorra de olas para que mis trenzas se vieran frescas cuando llegáramos allí. No planeaba usarla todo el día. El Sr. Dickerson me gritó y me dijo que me quitara esa cosa de barrio de la cabeza. Me la quité, luego él me la arrebató y se la dio a su esposa. Cuando se bajó y se fue al otro autobús, le pedí que me la devolviera. No iba a volver a ponérmela, simplemente no sentía que fuera correcto que él tomara mis cosas y las guardara. Ella dijo que sí y me dijo que no me la volviera a poner. La puse en mi mochila y pensé que todo estaba bien. Pero cuando regresó al autobús y se enteró de que se la había pedido, me echó del autobús. Mi participación en el desfile era la mitad de mi calificación final".

Supe de inmediato que había mucho más detrás del incidente del autobús. El Sr. Dickerson estaba intimidado, amenazado o simplemente envidioso del talento y la mente brillante de Daniel. Encontró una extraña satisfacción en ejercer poder sobre él. Bueno, yo era una de esas madres que no iba a permitir que este hombre arruinara el récord perfecto de mi hijo por su ego.

"¡No te preocupes por nada, cariño! ¡Vamos a ir allí la primera cosa por la mañana y te prometo que tu calificación será una A cuando termine!" Daniel suspiró aliviado. Estaba seguro de que podría hacer exactamente lo que dije. A la mañana siguiente, Ronald decidió que iría al trabajo tarde para estar conmigo cuando confrontáramos al profesor de Daniel. No estaba tan preocupado por mí como por el profesor. Ronald había llegado a conocer un lado de mí como madre que nunca había visto en su joven esposa. Siempre era tranquila y casi pasiva a veces hasta que alguien amenazaba a uno de mis hijos. Sabía que lo que tenía que decirle al Sr. Dickerson no iba a ser agradable, así que vino como un amortiguador.

Al día siguiente, entramos directamente a la oficina del director y le dijimos a su secretaria que necesitábamos hablar con ella de inmediato. Ronald mantuvo su mano en mi hombro, masajeándolo todo el tiempo.

"¿En qué puedo ayudarles, Sr. y Sra. Farris?" La Sra. Tate, la directora, fue muy cordial. Ella estaba bastante enamorada de Daniel y casi tan orgullosa de él como lo estábamos nosotros. Sabía que era mejor no saltarle a la yugular, así que mantuve mi ira bajo control.

"Bueno, Sra. Tate", comencé a explicar, "Recibimos el informe de progreso de Daniel ayer y tenía una C".

"¿Una 'C'?" Se quedó atónita. "¿En qué clase?"

"En su clase de música", respondí.

"Oh no! Eso tiene que ser un error". Mientras más hablaba, más me di cuenta de que no iba a ser un problema en absoluto. Ella entendía la importancia del expediente del estudiante cuando se trataba de solicitar la universidad. Llamó a su secretaria y le instruyó que hiciera que el Sr. Dickerson viniera a la oficina de inmediato, lo que instantáneamente me tranquilizó. Pasó los siguientes diez minutos elogiando a Daniel mientras esperábamos que llegara su maestro. Me alegró saber que mi trabajo ya estaba hecho. Sin embargo, aún estaba esperando ansiosamente la llegada del Sr. Dickerson para poder darle una lección,

Tan pronto como entró por la puerta, ella comenzó a cuestionarlo.

"Así que, ¿qué pasó que hizo que le dieras a Daniel Farris una C? Sabes que no ha recibido nada más que A's desde que ha estado aquí. Esa C arruinaría por completo su expediente perfecto".

"Bueno, ya sabes que no otorgamos calificaciones basadas en el rendimiento pasado del estudiante, sino en cómo se desempeñan en nuestra clase", trató de justificar lo que había hecho. Ahora era mi turno de responder. "Aquí está el problema con esa calificación, Sr., ¿cómo se llama?" "Dickerson", respondió.

"Sr. Dickerson, el problema con esa calificación es que conozco a mi hijo. Y no hay manera de que su desempeño en su clase merezca una C. ¡Daniel NO es un estudiante de C! Ahora, me contó sobre la situación en el autobús, y eso no tuvo absolutamente nada que ver con cómo debía haber sido calificado". Ronald seguía frotando mi hombro en un esfuerzo por limitar el crecimiento que estaba tomando mi tono.

"Entiendo lo que está diciendo, Sra. Farris, pero…" lo interrumpí.

"No vine aquí para discutir con usted si Daniel merece o no una C, vine para decirle que va a cambiar esa calificación a una A. ¡No es su trabajo calificar a los estudiantes basándose en su ego! Fue algo infantil de su parte sacarlo del autobús por pedir lo que le pertenecía, ¡y luego culparlo a ÉL por no participar en el evento al que USTED le impidió ir!"

"Cálmate, cariño" dijo Ronald sintiendo el calor que subía de mi hombro. Así que tomé una respiración profunda. Antes de que pudiera comenzar otra frase, la Sra. Tate intervino.

"¿De qué se trata la situación en el autobús?" dijo, dirigiendo sus palabras al Sr. Dickerson.

"La semana pasada, estábamos saliendo para el desfile de MLK cuando el Sr. Farris subió al autobús usando ese gorro de aspecto gheto, de barrio..." antes de que pudiera decir otra palabra, lo interrumpí de nuevo.

Él no planeaba usarlo todo el día. Sólo quería que sus trenzas se vieran frescas cuando se bajara del autobús. Pero USTED no se tomó el tiempo de averiguarlo. Simplemente habló con él y lo trató como si fuera un niño tonto, cuando usted sabe muy bien que NO lo es. Y como no le gustó su respuesta, usted decidió ejercer su poder sobre él, y luego castigarlo, en lugar de tratarlo con el mismo respeto que cree merecer. Yo soy su madre, ¡y ni siquiera lo trato como usted lo hizo! ¡Y me niego a permitir que usted y su ego arruinen el expediente perfecto de mi hijo!

La habitación estuvo en silencio por un momento, y luego la Sra. Tate habló de nuevo.

"Me temo que tengo que estar de acuerdo con la Sra. Farris en esto, Sr. Dickerson. ¿Qué podemos hacer?"

Después de unos momentos de discusión, acordaron permitir que Daniel hiciera una presentación musical como forma de recuperar su nota. Eligió Fantasie Impromptu de Chopin. El Sr. Dickerson, la Sra. Tate, Ronald y yo estábamos alrededor del piano vertical en la sala de música mientras Daniel tocaba la pieza impecablemente con pasión. Su mano izquierda golpeaba el registro inferior, liberando la frustración de la mancha injusta con cada nota. Su mano derecha acariciaba las notas superiores con precisión, disipando por completo cualquier indicio de duda en sus habilidades musicales, ética de trabajo o disciplina. Cuando terminó la canción, nadie tuvo preguntas sobre cuál sería la calificación. Él hizo su declaración, y logramos nuestra misión ese día.

Ronald y yo no tuvimos muchos desacuerdos cuando se trataba de criar a nuestros hijos. Pero una cosa en la que nunca pudimos ponernos de acuerdo era cuándo, dónde y cómo aprenderían a conducir. Yo aprendí muy temprano y podía manejar detrás del volante a los trece años. Así que cuando era lo suficientemente mayor para obtener mi licencia de conducir, ya tenía mucha experiencia. Quería comenzar a enseñar a mis hijos cuando tenían temprana edad, pero Ronald creía que deberíamos esperar hasta que pudieran obtener su permiso y dejar la capacitación a los profesores de educación vial. Discutimos sobre el tema varias veces hasta que decidí simplemente tomar el asunto en mis propias manos. La idea de mis hijos conduciendo por las calles de Los Ángeles era lo suficientemente aterradora. Estaba decidida a asegurarme de que tuvieran mucha experiencia detrás del volante para cuando cumplieran dieciséis años.

Pensé que podría mantenerlo en secreto de Ronald, pero eso resultó más fácil de decir que de hacer. La primera vez que llevé a Davion a conducir por el vecindario, se subió a una acera, casi golpeando a algunos peatones, y puso un pequeño pero notable abollón en el parachoques delantero. Por supuesto, tuve que decirle a Ronald la verdad sobre cómo sucedió. Estaba molesto conmigo por ir en contra de sus deseos, pero se dio cuenta de lo decidida que estaba y acordamos que comenzaríamos a enseñar a los niños a conducir, pero solo en el estacionamiento del Great Western Forum donde prácticamente no había nada para chocar. Tanto Ronald como yo continuamos enseñándoles hasta que tuve cierto grado de confianza en su habilidad para conducir.

Nunca tuvimos problemas disciplinarios reales con nuestros hijos. Atribuyo esto a dos cosas: en primer lugar, fui una madre muy presente. Cuando eran pequeños, fui extremadamente atenta. Desarrollé una relación respetuosa y amorosa con todos mis hijos, pero lo hice con mano firme. Como niños pequeños, no les permití comportamientos indisciplinados. Establecí límites temprano y, a veces, tuve que hacer cumplir esos límites físicamente. Pero no tuve que hacerlo con frecuencia y, cuando lo hacía, tenía cuidado de no cruzar la línea entre la disciplina y el abuso. Después de que su padre regresó a casa, ya no tuve que hacerlo en absoluto.

Ronald fue tan atento como yo, a veces incluso más. Siempre los mantuvimos involucrados en algún tipo de actividad. Cuando no jugaban béisbol de pequeños, tomaban clases de karate. Cuando no hacían ejercicios vocales, practicaban piano. Hice todo lo posible para darles a los chicos todo lo que tenía, enseñarles todo lo que sabía y amarlos con todo mi corazón. La motivación de Ronald para ser un buen padre para sus hijos provino en gran parte del vacío dejado por su padre. Solo tiene un recuerdo de su padre llevándolo a un partido de los Dodgers cuando tenía doce años, pero eso es todo. El hombre que se suponía que era su padre básicamente lo abandonó, dejándolo con el deseo de ser el padre que nunca tuvo, y así lo hizo.

Una vez que se convirtieron en adolescentes, solo hubo un incidente en el que tuve que lidiar con rebelión y falta de respeto directa. Un día, Davion preguntó si podía salir con sus amigos. Le dije que no, pero decidió ir de todos modos. No podía creer que ignorara tan descaradamente mis palabras. Nunca les di a mis hijos ninguna razón para faltarme al respeto. Siempre fui justa, amorosa, paciente y generosa con ellos. Eran la luz de mi vida y los amaba incondicionalmente.

Pero cuando Dave decidió simplemente ignorarme y hacer lo que quería, tocó un nervio que no sabía que tenía. Varios pensamientos pasaron por mi mente. Me imaginé saltando sobre él y golpeándolo, pero era demasiado grande para eso. Luego imaginé sacarlo de mi casa y decirle que estaba por su cuenta, pero solo tenía quince años.

Davion se alejó durante unas horas, pero cuando regresó le dije que los dos íbamos a salir a cenar para poder hablar. Parecía desconcertado. Sabía que estaba enojada y no podía imaginar lo que tenía en mente. Sus hermanos estaban igualmente desconcertados. Sabían lo que había hecho y no entendían por qué lo llevaba a cenar a él en lugar de a ellos.

Fuimos al restaurante Houston en Redondo Beach. Necesitaba su atención exclusiva y también necesitaba un ambiente agradable para transmitir mi mensaje. Mi enojo me hizo darme cuenta de que mi amor incondicional por mis hijos tenía ciertas condiciones.

"Dave, sabes que estuviste mal, ¿verdad?" dije con calma.

"Sí, lo sé. Lo siento, mamá." Pude ver que estaba realmente arrepentido por sus acciones y aún más, ahora que lo estaba tratando tan amablemente.

"Necesito que entiendas algo. Como tu madre, nadie en este mundo te quiere más que yo, nadie te respalda como yo. Siempre que necesites algo, estoy dispuesta a hacer lo que sea necesario para que lo tengas. Si no tuvieras un lugar donde ir, siempre tendrías un hogar conmigo. Yo pasaría hambre para que tú comieras. Literalmente moriría por ti, Davion". Pude ver que estaba luchando por contener las lágrimas.

"Siempre he sido el tipo de mujer que ama intensamente. Pero cuando me siento traicionada, es como si tuviera un interruptor dentro de mí que apaga inmediatamente ese amor. Siempre creí que eso solo se aplicaba a mis relaciones con hombres, y nunca imaginé que ese interruptor pudiera ser apagado por uno de mis hijos. Pero lo que hiciste hoy me hizo darme cuenta de que sí. Estaba tan enojada, tan herida, tan decepcionada contigo que sentía que casi quería cortarte de mi vida. No merecía eso de ti, Davion". En este punto, ya no podía contener las lágrimas. Continué.

"Te quiero, Davion, más de lo que podrías entender. Pero si me vuelves a faltar al respeto de esa manera, solo sé que podrías perder el amor más grande de tu vida. ¿No crees que eso sería un error?"

"No". Estaba demasiado conmovido para decir más, así que nos sentamos en silencio y comimos nuestra comida. Después de un tiempo, dijo de nuevo.

"Lo siento, mamá. Nunca volveré a hacerlo". Pude ver que lo decía en serio.

~

El tiempo realmente vuela. Parecía como si acabara de hacer su almuerzo y poner lápices y crayones en su mochila para el primer día de jardín de infantes. Ahora, Davion se estaba graduando de la escuela secundaria. La ceremonia se llevó a cabo en el Great Western Forum, y fue inolvidable. Comenzó con el desfile de Pomp and Circumstance. Escuchamos al director, al valedictorian y al orador invitado. Luego, vimos la celebración de una familia tras otra mientras se llamaba el nombre de su estudiante. Era una clase de graduación muy grande, por lo que esto tomó un tiempo. Una vez que cada estudiante había cruzado el escenario y había regresado a su asiento, se inició la introducción de una canción diferente. Desde la última fila, Davion caminó lentamente por el pasillo central cantando *"Never can say goodbye, no no no no I, never can say goodbye"*. Era solo una graduación de la escuela secundaria, pero una vez más, estaba tan orgulloso como si estuviera actuando en el Carnegie Hall.

La música siempre había sido el primer amor de Davion. A pesar de ser intelectualmente dotado, no compartía la pasión de Daniel por lo académico. Después de la graduación, quería dedicar todo su tiempo a la búsqueda de su carrera, pero su padre estableció ciertas reglas que debía seguir si iba a continuar viviendo con nosotros.

"Si no vas a ir a la universidad, tienes que conseguir un trabajo", insistió Ronald.

Después de la graduación de Davion, Daniel reinaba como presidente del cuerpo estudiantil en Inglewood High School. Sir estaba en el undécimo grado y era uno de los jugadores estrella del equipo de baloncesto de la universidad junior. Daniel comparte un recuerdo de ver jugar a su hermano.

"No crecimos jugando al baloncesto como nuestro deporte principal, así que no tenía idea de que una vez que Sir empezó a tomarlo en serio, se volvería tan bueno, tan rápido. Un día decidí pasar el rato en el gimnasio después de la escuela. Estaba jugando el equipo de reserva y mi hermano estaba en la cancha. Mi experiencia con el baloncesto era tal que rara vez entraba al juego y, cuando lo hacía, nada significativo sucedía porque no era un jugador. Pero cuando entré para ver el partido, él estaba defendiendo al base del otro equipo.

Durante los siete minutos que estuve allí, Sir Darryl robó el balón, machacó al tipo que le robó el balón, volvió a la defensa y lo miraba como si lo odiara. Jugó con tanta pasión. Estaba orgulloso y sorprendido, mirando a mi hermano como si dijera: "¿Quién es este tipo?".

El recuerdo favorito de Ronald de Sir Darryl en la cancha de baloncesto tuvo lugar cuando Inglewood jugó contra la poderosa escuela secundaria Mater Dei. Este era un juego de playoffs, que determinaba quién iría al campeonato estatal. Sir Darryl entró en el juego tarde en el cuarto período, principalmente porque era un defensor sólido. Con treinta segundos restantes en el juego, Inglewood tenía el balón y el reloj estaba agotando el tiempo. Sir estaba parado en una esquina y la defensa de Mater Dei no lo estaba marcando porque no esperaban que disparara. Con cuatro segundos restantes en el reloj de tiro, el base le pasó el balón a Sir. Dio un paso atrás, usando lo que parecían ser tres de los cuatro segundos que le quedaban, se elevó y lanzó un hermoso tiro de tres puntos desde dieciocho pies. Entró limpiamente en la canasta sin siquiera tocar el aro. El lado de Inglewood del gimnasio se volvió loco. El salto de Sir les dio una ventaja de seis puntos, sellando la victoria para Inglewood. Durante esa temporada, su relación con el baloncesto era un poco más prioritaria que la música.

KELLY-ANN BOOTHE

Aunque Sir Darryl podía ir a la escuela todos los días con Daniel, quería un carro propio para no depender tanto de su hermano. Les habíamos asegurado a los chicos que si mantenían sus calificaciones, les permitiríamos tener su propio carro cuando obtuvieran su licencia. Las calificaciones de Sir Darryl eran excelentes, así que comenzamos a buscar un carro. Encontró un Honda Civic color granate del año 1988 en venta en la gasolinera cerca de su escuela. Pedían $1,500, pero ofrecimos $1,100, y aceptaron nuestra oferta. Había estado conduciendo su carro por solo unos días cuando recibí una llamada telefónica.

"Mamá, no te preocupes, estoy bien, pero tuve un accidente". Aunque sabía que estaba bien, mi corazón se hundió en el estómago.

"¿Dónde estás?", pregunté, "Estoy en la 405 hacia el norte, justo después de Manchester, y necesito que vengas de inmediato". Agarré mis llaves e inmediatamente salí por la puerta.

"¿Fue tu culpa?", pregunté desde mi teléfono celular, mientras me subía al carro.

"Sí, choqué por detrás. Pero no es tan grave. Apenas rasguñé su carro".

No vivíamos lejos de la autopista 405, así que lo alcancé en diez minutos. Tal como dijo, el daño al carro de la mujer era mínimo. Saqué la cámara y comencé a grabar. Intercambiamos información y ella se fue. Tan pronto como la mujer se fue, noté a la mujer que estaba en el carro con Sir. Vestía una falda y tacones altos, una hermosa y esbelta joven con cabello largo y grueso.

"Mamá, ella es Kelly". Extendí mi mano para saludarla, mientras me preguntaba qué hacía esta mujer adulta con mi hijo de dieciséis años.

"Es un placer conocerla, Sra. Farris", dijo ella con una sonrisa, mirándome directamente a los ojos. Mientras la miraba, me di cuenta de que no era la mujer adulta que pensé que era. Solo estaba vestida como una. Sir Darryl describe esa noche con sus propias palabras.

"Esa fue la primera vez que tuve a una chica en mi carro y mi primera cita con Kelly Ann Boothe. Era tan hermosa y estaba emocionado de que accediera a salir conmigo. Cuando la recogí, dejó claro que esa noche no iba a pasar nada. 'No sé qué esperas, pero solo voy a salir contigo y luego me llevarás a casa'. La respeté por establecer límites. Íbamos camino a Universal City Walk, y no dejaba de mirarla, admirando su belleza. Ella me miró y sonrió. De nuevo, la miré y ella me miró. La miré, ella me miró, ¡la miré y BAM! Choqué contra el carro de delante. El daño a mi carro era mucho más grave que el que choqué. Pero lo peor de todo era que estaba avergonzado. Claramente, a Kelly no le importó demasiado, porque me dejó besarla al final de la cita".

Hicimos que el carro de Sir fuera remolcado al taller mecánico de la esquina de la casa. Me preguntó si podía usar mi coche, pero ofrecí llevarlos y recogerlos en su lugar. Una vez que terminó la cita y dejamos a Kelly en su casa, supe por la sonrisa en la cara de Sir Darryl que íbamos a ver mucho más a la Sra. Boothe.

Sir Darryl y Kelly habían estado saliendo durante casi un año cuando murió su madre. Eran originarios de Jamaica y ella y su hermana no tenían otra familia en los Estados Unidos. Se quedaron sin madre y sin hogar. La hermana de Kelly tenía amigos con los que pudo vivir, y Kelly se mudó con nosotros. Como nunca tuve una hija propia, su presencia en nuestro hogar fue un verdadero regalo. Otro regalo extraordinario estaba a punto de ser otorgado a mis tres músicos adolescentes.

RON RON

KELLY-ANN

CAPITULO SIETE

TRANSICION A LA EDAD ADULTA

M i hermano mayor, Andrew Gouché, es conocido por ser uno de los pioneros en tocar el bajo en el mundo de la música Gospel. Muchos lo consideran el mejor de todos los tiempos. Comenzó a finales de los años setenta tocando para James Cleveland, Walter Hawkins, Andre Crouch y los Winans. Su carrera ha abarcado décadas, con créditos como Chaka Khan, Anita Baker, Gladys Knight, Prince y numerosos otros artistas. Andrew también es conocido por ayudar a muchos músicos jóvenes exitosos a comenzar en la industria musical presentándolos a las personas adecuadas o contratándolos para conciertos. Aunque el acuerdo con DreamWorks no funcionó, nuestros hijos nunca renunciaron a su sueño de tener una carrera en la música.

Cuando los chicos tenían alrededor de trece, catorce y quince años, Andrew estaba actualizando su estudio y decidió entregar su equipo actual a sus sobrinos, permitiéndoles dar el siguiente paso para convertir sus sueños musicales en realidad. Les dio un conjunto de altavoces JBL, un teclado, un grabador de CD Tascam, los módulos de sonido Alesis Nano Synth y Nano Bass, el módulo de sonido Planet Phatt, un ordenador de sobremesa con el software de producción Cubase, un micrófono, una máquina de batería MPC 2000, un disco lleno de sonidos, un escritorio con cables para conectar todo y un rack de estudio para montar todo su hardware. Convencieron a su padre y a mí de permitirles convertir el garaje en un estudio. Con el dinero por adelantado que les quedó de DreamWorks, compraron un libro de carpintería en Home Depot y todo el material que necesitaban para diseñar y construir un estudio de grabación. Nos sorprendió lo que lograron hacer.

Contrataron a un electricista para que les ayudara con la instalación eléctrica y la iluminación, colocaron aislamiento, suelos de madera dura, paredes insonorizadas y una cabina vocal. Incluso construyeron un escritorio para la mesa de mezclas, el ordenador y los altavoces. Decidieron llamar al estudio Woodworks, que finalmente se convirtió en el nombre de su equipo de producción. Woodworks estaba formado por Sir Darryl, Davion, Daniel, su mejor amigo Emmanuel y su prima Tiffany Gouché, la hija mayor de mi hermano Anthony. La voz de Tiffany es tan suave como la mantequilla derretida y su don musical en general es tan prolífico como el de sus primos.

Cada uno de nuestros hijos tenía su propio grupo de amigos y nuestra casa era como una segunda casa para todos ellos. Sir Darryl seguía siendo buen amigo de Tony, el sobrino de LaRenee. Daniel conectó con un joven animado llamado Emmanuel y un joven valiente y resistente llamado Evan. El grupo de Davion estaba formado por Moses, Mike y Clifford, a quien llamaban "Bliff". Todos estos jóvenes se habían convertido en una extensión de nuestra familia y a menudo eran incluidos en ocasiones especiales como viajes a Knott's Berry Farm, Magic Mountain o vacaciones familiares.

Cada uno de nuestros hijos había crecido en hombres jóvenes maduros y autosuficientes, con su propio estilo individual. Sir prefería jugar al baloncesto, mientras que Davion y Daniel ya sea que estuvieran con sus amigos, jugaban videojuegos o estaban ocupados en el estudio haciendo música.

TIA & DAYLIN

Después de graduarse, Davion consiguió un trabajo como cajero de banco y componia música cuando no estaba trabajando en el banco. Él había sido el primero de los tres hermanos menores en tener una novia. A la tierna edad de diez años, declaró su amor por una chica que había conocido en la escuela llamada Gladys Jackson. Él le dijo a su padre y a mí que no podía esperar hasta cumplir los dieciocho años para casarse, y pronto descubrimos lo serio que era. Una noche después del trabajo, llegó a casa con una joven que nunca habíamos conocido, con su recién nacido.

"Mamá, papá, ella es Tia", dijo con una gran sonrisa en su rostro. "Y este es Daylin", dijo señalando al bebé. Le pregunté si podía sostenerlo. Cuando ella me entregó al pequeñito, inmediatamente me abrumó la emoción.

"¿Por qué quiero tanto a este bebé?" Había sostenido muchos bebés antes, pero definitivamente había algo diferente en este. Sentía una conexión con este pequeño, como si fuera mi propio nieto. No estaba segura de lo que estaba sucediendo. ¿Era Davion el padre? Y si lo era, ¿por qué esperó hasta que el niño naciera para decírnoslo?

"¿Podemos ir a la habitación y hablar?" Davion quería aclarar las cosas, pero no delante de los demás. Todavía sosteniendo al pequeño

Daylin, me levanté de mi asiento, y Davion, Ronald y yo caminamos hacia nuestra habitación.

"Quiero casarme con Tia", dijo. Davion solo tenía diecinueve años, e inmediatamente pensé en el Dave de diez años que dijo que no podía esperar hasta los 18 para casarse. Me quedé sin palabras, pero Ronald ansioso por hablar.

"En primer lugar, ¿este es tu hijo?" El tono de Ronald era de irritación.

"¿Por qué nos lo estás diciendo ahora?"

"No lo sé, papá, no estaba listo antes."

"¡Y tampoco estás listo para casarte! ¿Dónde vivirían ustedes? ¿Ganas suficiente dinero en el banco para mantener a una familia?"

"Pensé que podríamos vivir aquí hasta que ahorremos suficiente dinero para conseguir nuestro propio apartamento". Davion parecía tener todo planeado.

"Davion, no creo que hayas pensado en esto. Deberías tomarte un tiempo y pensarlo bien. Solo porque tengan un bebé, no significa que tengan que casarse." Ronald estaba haciendo su mejor esfuerzo para desanimar a Dave.

"He pensado en ello, papá, y quiero casarme con Tia para criar a nuestro hijo juntos", dijo Davion. En este punto, decidí hablar en apoyo de nuestro hijo.

"Ronald, la mayoría de los jóvenes de su edad huirían de esta responsabilidad, pero Dave va hacia ella. ¿No crees que eso es algo honorable?" Ronald aceptó a regañadientes y dio su bendición a Davion. Tia era una hermosa y dulce joven. Me recordaba a Jackie de diecinueve años: de voz suave y un poco tímida. Estaba feliz porque finalmente estaba obteniendo la hija que siempre soñé tener. Incluso tenía una hermosa voz para cantar. ¡Pero la parte más emocionante era que teníamos un nieto! Daylin era el bebé más feliz que había visto. Su apodo era Cheesy Boy porque siempre estaba sonriendo. Pasé mucho tiempo con Tia y Daylin mientras Davion trabajaba en el banco o en el estudio.

Siempre había sido mi experiencia que cualquier vez que el teléfono sonara entre las dos y las cinco de la madrugada, era sin duda una mala noticia. Cuando fallecieron mi abuela y mi padre, fue en las primeras horas de la mañana que recibí la llamada. Una mañana alrededor de las tres en punto, sonó el teléfono y era Tia. Cuando vi su nombre en la pantalla del teléfono, no pude respirar.

"Mamá, no te preocupes, él está bien. Pero Davion tuvo un accidente." Tia sabía que era mejor tranquilizarme antes de darme la noticia. Incluso así, mi corazón cayó al fondo de mi estómago y me senté recta en la cama.

"¿Qué pasó?" pregunté.

"Se quedó dormido al volante."

"¿Chocó con alguien?" Estaba pensando en todos los posibles escenarios, tratando de no pensar lo peor.

"No, pero chocó contra un montón de carros estacionados", dijo ella.

"¡Oh Dios mío! ¿Un montón de carros? ¿Cuántos exactamente?" Tia explicó que había chocado con tres o cuatro carros, pero que solo uno estaba gravemente dañado. Afortunadamente para él, Davion estaba conduciendo un Buick Roadmaster de 1998, uno de los carros más grandes y resistentes jamás construidos. Así que, aunque el carro quedó destrozado, Davion salió ileso. Había tenido el hábito de orar diariamente para que Dios protegiera a mis hijos, y esa noche sabía que Dios había respondido mis oraciones.

~

A principios de los años noventa, hubo un éxodo masivo desde California a Las Vegas, Nevada, donde muchos encontraban mejores viviendas y un menor costo de vida, y algunos amigos nuestros de la iglesia estaban entre los migrantes. Pudieron comprar una casa por un poco más de lo que pagamos por la nuestra, pero era tres veces más grande. Ronald y yo comenzamos a discutir la posibilidad de trasladar a nuestra familia también. Yo había estado trabajando para la iglesia durante casi quince años y sentía que era hora de un cambio. Decidimos conducir a Las Vegas para inspeccionar la tierra, y Davion y Tia fueron con nosotros. Cuando Davion se dio cuenta de que podían pagar su propio lugar en Las Vegas, decidió que era donde quería estar. Davion trabajaba como cajero en US Bank, y tenían muchas vacantes, por lo que trasladar su trabajo de Los Ángeles a Las Vegas fue un proceso sencillo. El costo de vida era mucho menor allí, y no era un problema para ellos pagar su propio apartamento. El plan original era encontrar nuevos trabajos propios, vender la casa y unirnos a nuestros hijos en Las Vegas, pero eso nunca sucedió. En cambio, terminamos gastando el doble de ese año en gasolina y poniendo muchas más millas en nuestro automóvil conduciendo de ida y vuelta para ver a nuestro hijo y su familia.

Deberíamos haber aprendido la lección con nuestro hijo mayor y su matrimonio fallido. Pero debido a que estábamos tan inmersos en la cultura religiosa, simplemente elegimos creer que casarse era lo correcto para Davion, y que todo se arreglaría solo. Pronto aprendimos cuán ingenua era nuestra perspectiva. A los 19 años, Davion no estaba listo para ser un esposo. Hizo el compromiso porque había visto a sus padres trabajar a través de las circunstancias más difíciles y aparentemente salir victoriosos. Quería estar allí para su hijo de la misma manera en que su padre había estado allí para él. Comprendió claramente la importancia del papel que un padre juega en la vida de su hijo, y ese era su enfoque.

Después de un año en Las Vegas, quedó claro que Ronald y yo no nos mudaríamos allí, así que Davion y Tia decidieron regresar a Los Ángeles y mudarse con nosotros. Fue doloroso para mí verlos luchar, lastimarse mutuamente, fallar, volver a estar juntos y fallar de nuevo. Pero estaba en el proceso de una de las cosas más difíciles que alguna vez tuve que hacer, aprender a dejar ir y permitir que navegaran su propio camino. Encontré alegría en el hecho de que ahora tenía dos hijas, y las dos se convirtieron en hermanas. Entre tres hermanos y cuatro hijos, la mayor parte de mi vida estuvo rodeada de una sobrecarga de testosterona y simplemente no era una chica femenina. Pasé gran parte de mi infancia siguiendo a mis hermanos. También pasé gran parte de la infancia de los niños haciendo cosas como jugar baloncesto o ráquetbol o jugar luchas con ellos.

Tia y la esposa de Sir, Kelly, eran algunas de las chicas más suaves y dulces que había conocido. Cuanto más tiempo pasaba con ellas, más disfrutaba cultivar mi lado femenino. A los 40 años, Tia me enseñó cómo aplicar sombra de ojos por primera vez en mi vida. Disfruté mucho pasar tiempo con mis hijas. Desafortunadamente, el matrimonio de Davion y Tia terminó después de ocho años tratando de llenar un papel para el cual ninguno de ellos estaba preparado.

Uno de los aspectos más difíciles de ser padre comienza una vez que tus hijos crecen. Cuando son pequeños, disfrutas de un cierto grado de control sobre lo que pueden o no enfrentarse. Tienes cierta participación en la mayoría de sus decisiones. Pero una vez que se convierten en adultos, no tienes más opción que permitirles que encuentren su camino y naveguen su propio camino. Incluso cuando están tomando un camino equivocado, eres impotente para detenerlos. Es como estar justo fuera de su alcance mientras ves a tu hijo de cinco años caerse de su bicicleta.

Mientras Davion encontraba su camino como esposo y padre, Daniel ejercitó sus asombrosos talentos para ofrecer una actuación sobresaliente durante su último año en Inglewood High. Logró su objetivo de obtener A's y obtuvo la puntuación más alta en el SAT de toda la escuela. Daniel siempre había sido extremadamente competitivo. Ya sea en deportes, música, karate o académicos; se negaba a ser vencido. Cuando llegó el momento de enviar solicitudes de ingreso a la universidad, decidió solicitar tanto a USC como a UCLA. USC le ofreció suficiente beca para cubrir la mitad de su matrícula, mientras que UCLA le ofreció una beca completa. Tomó la decisión obvia.

Daniel quería tener la experiencia universitaria completa, así que decidió vivir en el campus durante su primer año. Como padre, lo único que puede prepararte para cuando tu hijo se va de casa es la fe. Tuve que creer que le habíamos dado todas las herramientas que necesitaba para manejar la vida por su cuenta y tomar decisiones sabias. También tuve que tener confianza en que incluso en los momentos en que no eligiera sabiamente, aún estaría bien.

Aunque la música era su primer amor, Daniel decidió especializarse en negocios. El programa de música en UCLA era principalmente clásico y no necesariamente lo ayudaría en su carrera, considerando el estilo de música que prefería. Creía que ser un especialista en negocios sería beneficioso cuando se tratara de esa parte de su carrera, pero pronto se dio cuenta de que la dirección de los cursos requeridos no estaba resonando con él. Las clases de economía en su carrera de negocios lo hacían sentir como si estuviera estudiando para convertirse en un contador. Al mismo tiempo, estaba prosperando en sus clases de español. Daniel decidió cambiar su especialidad a literatura española. Disfrutó mucho estudiar un idioma extranjero, sin embargo, la música seguía siendo su prioridad.

Con Daniel viviendo en el campus, tuve que adaptarme a no verlo todos los días. Al principio, fue más difícil de lo que había anticipado. Cuando tus bebés te patean desde adentro y te enamoras por completo, es difícil imaginar que se vuelvan independientes de ti. Cuando los tienes en tus brazos, no puedes imaginar el día en que se mudarán de tu casa. Cuando les das de comer con una cuchara, no estás pensando en el día en que dejarán el nido y solo los verás ocasionalmente. Pero ese día había llegado, y tuve que ver a mi brillante pequeño hijo partir en su Honda Civic plateado. Traté de actuar como si no fuera gran cosa, pero por dentro sentía como si estuviera perdiendo una parte de mí.

Cada vez que sonaba el teléfono, esperaba que fuera Daniel solo para poder escuchar su voz. No llamaba tan seguido como me hubiera gustado, pero se reportaba al menos una vez por semana. También volvía a casa la mayoría de los fines de semana, generalmente para trabajar en el estudio. Un día, en medio de la semana, Daniel vino a la casa a visitarnos y se sentó al piano.

"Ven aquí, mamá, quiero tocarte esta canción que acabo de escribir". Inmediatamente dejé lo que estaba haciendo y me senté a escuchar.

"Solía decir que nunca amaría de esta manera, nunca entregaba mi corazón. Nunca un jugador colgaría su camiseta y dejaría el juego . . ." El nivel de excelencia con el que mi hijo escribía me dejó sin palabras. No debería haberme sorprendido; la excelencia era parte de su naturaleza.

Daniel escribió el estribillo y su amigo Emmanuel ayudó con los versos. Davion ayudó a completar el puente. Grabaron el demo de inmediato y, junto con muchas otras canciones que habían escrito, pudieron obtener un contrato de publicación con Warner Chapell Music. Tan dedicado como era Daniel a su educación, también lo era a su música.

EMMANUEL "CHIZ" CHISOLM

Daniel conoció a Emmanuel cuando tenía cinco años. Su madre era miembro de la iglesia a la que asistíamos y estaban en la misma clase de jardín de infantes en la iglesia para niños. No se llevaban muy bien porque Emmanuel siempre se jactaba de cómo sus hermanos conocían al grupo de hip-hop Bone Thugs-n-Harmony y de que él era un rapero. Aunque se veían todos los domingos durante varios años, realmente no conectaron hasta que Daniel comenzó a asistir a una nueva escuela secundaria, Warren Lane. No conocía a nadie y se sintió aliviado cuando vio a Emmanuel caminando solo. "¿Emmanuel?" Daniel llamó su nombre, sin estar seguro de si era él. "¿Qué pasa, Daniel?" Se sintió aliviado por la respuesta. Emmanuel seguía siendo el mismo niño jactancioso y arrogante, pero no importaba. Era el único niño que Daniel conocía, y se quedaron juntos. Ambos actuaron en el espectáculo de talentos de octavo grado. Emmanuel hizo una canción con su entonces compañero, Ozzie. Los dos formaban el dúo de rap llamado Rated PG o RPG para abreviar. Interpretaron su sencillo "Pushing 90", una canción sobre correr a través de las calles y autopistas de Los Ángeles. La ironía era que esto fue tres años antes de que cualquiera de ellos se sentara detrás del volante de un automóvil. Daniel interpretó una pieza clásica de piano y obtuvo el primer lugar. RPG quedó en segundo lugar. También llevaron a las gemelas Tierra y Cierra al baile de octavo grado juntos, vestidos con sus trajes de rayas con sombreros a juego. Daniel usó el color corinto y Chiz usó el azul pavo real.

Los dos asistieron a Inglewood High, y su amistad se expandió en una asociación, formando un dúo de rap. Daniel hacía las pistas y Chiz rapeaba sobre ellas. Hacían todo juntos, desde jugar en el equipo de béisbol, bailar en el equipo de baile juvenil de la iglesia, decatlón académico y eventualmente, el gobierno estudiantil. Cuando se convirtieron en seniors, Daniel fue elegido presidente del cuerpo estudiantil y Chiz obtuvo el puesto de vicepresidente. Ambos eran verdaderos líderes en su clase.

Daniel se convirtió en el líder de un grupo de jóvenes llamado *Brothers or Nothing Else* B.O.N.E. Pero no eran los únicos de su tipo. Había otro grupo que parecía amenazado por su popularidad como conjunto, y comenzó la rivalidad. Chiz fue el más vocal sobre lo mucho mejor que eran en todos los aspectos que importaban en la escuela secundaria. La charla amistosa se convirtió en palabras y finalmente en puñetazos. Como resultado, uno de sus compañeros de equipo, Evan, fue enviado a la escuela de continuidad, apartado del campus regular. No pasó mucho tiempo antes de que las cosas se calmaran y finalmente se graduaron con honores. Como presidente y vicepresidente, ambos hablaron en su ceremonia de graduación, que se llevó a cabo en el Great Western Forum.

Chiz fue a California State University, Northridge y Daniel asistió a UCLA. Mientras estaban en la universidad, salían de sus respectivos campus y se encontraban para escribir música juntos. Recibieron un premio ASCAP por escribir y producir *Never*, grabado por un artista llamado Jahiem.

~

Sir Darryl terminó la escuela secundaria con éxito. Pero al igual que su hermano Davion, decidió que la universidad no era para él. Comenzó trabajando para el club de salud Bally y luego para L.A. Fitness como vendedor. En el primer año, fue ascendido a gerente. Kelly trabajaba en el departamento de contabilidad de Big 5 Sporting Goods y asistía a la escuela medio tiempo . Los dos se mudaron juntos. Esta vez, Ronald y yo no dijimos nada sobre el matrimonio. Habíamos aprendido nuestra lección. Los días de tomar decisiones por nuestros hijos habían terminado. Solo teníamos que hacer sugerencias, dar consejos y rezar para que eligieran sabiamente. Pero eso no siempre era así.

Todos nuestros hijos sabían que las drogas eran la razón por la que su padre pasó siete años en prisión. Por lo tanto, nunca se me ocurrió que pudieran ser tentados a probarlas. Creíamos que llevarlos a la iglesia todos los domingos y vigilarlos de cerca durante la semana sería suficiente para protegerlos de ese elemento. Todos eran excelentes estudiantes, y aparte del episodio con Davion, nunca tuvimos problemas disciplinarios reales con ellos. Por lo tanto, fue una sorpresa completa cuando descubrimos que Sir Darryl se había involucrado. Siempre tuvo una mente propia y estaba decidido a hacer las cosas a su manera. No podía simplemente aceptar nuestra palabra, tenía que descubrir por sí mismo que las drogas eran el enemigo.

Parecía estar desempeñándose bien en su trabajo. Durante un tiempo, trabajó en la ubicación del club de salud en West Los Angeles en La Cienega cerca de la autopista 10. Compré una membresía, principalmente para apoyarlo. Y como había una oficina de quiropráctica dentro del gimnasio, tenía una buena razón para pasar semanalmente y darle un vistazo a mi hijo. Después de varios meses, lo transfirieron a la ubicación de Hollywood. El viaje desde Inglewood a Hollywood era demasiado lejos para que pudiera continuar mis visitas semanales, y antes de que me diera cuenta, pasarían meses sin ver a mi hijo. Él no respondería mis llamadas durante semanas. Recuerdo recoger el teléfono e intentar nuevamente para comunicarme con él y, cuando no respondió, sentí un calor que comenzó en mi pecho y se irradió hacia mi cabeza y mis extremidades. De la misma manera que mi madre sabía cuándo algo estaba mal conmigo, sabía que algo no estaba bien con mi niño, y tenía que ir a verlo.

Cuando llamé a Kelly, ella me dijo que ya no vivía con él y que también estaba preocupada por él. Me dio la dirección donde pensaba que podría estar alojado.

"¿Sabes que ya no trabaja para LA Fitness?" dijo Kelly.

"No, no lo sabía. No sé nada de su vida en este momento", me quejé.

"Bueno, por favor avísame cómo está cuando llegues allí", preguntó Kelly. Pude decir por el tono de su voz que había mucho más que ella no estaba diciendo. En ese momento, no había nada más importante para mí que encontrar a mi hijo y asegurarme de que estaba bien. Inmediatamente me subí al carro y me dirigí a Hollywood.

Aunque era un joven muy independiente y autosuficiente, Sir Darryl tenía sólo diecinueve años y seguía siendo mi niño. No podía soportar la idea de que le sucediera algo. El viaje parecía mucho más largo de lo habitual.

El tráfico estaba especialmente pesado y parecía que me encontraba con todos los semáforos en rojo. Era una lucha para evitar ser vencida por el miedo y la ansiedad, así que me dije a mí misma relájate y confía que diecinueve años de oración constante por mi hijo habían sido suficientes. Sin embargo, sentí la necesidad de tener una conversación con Dios, y luego conmigo misma. Le pedí a Dios que lo protegiera. Luego inhalé y susurré para mí misma, "relájate Jackie".

Llegué a la dirección que me había dado Kelly. Era inusualmente cerca de Hollywood Boulevard, lo que no era algo bueno. Basado en la mala condición del edificio, no sabía qué esperar. Subí las escaleras y toqué la puerta.

"¿Quién es?" Reconocí la voz de mi hijo y me sentí aliviada de que estuviera allí, pero no estaba lista para lo que vi cuando abrió la puerta. Sir Darryl medía 5'11" y normalmente pesaba alrededor de 200 libras. Pero la persona que abrió la puerta era una cáscara frágil y demacrada de 160 libras del joven fuerte que había criado.

"¡Hola mamá!", dijo con una sonrisa forzada y semi-falsa. Hizo todo lo posible por parecer que todo estaba bien, pero ambos sabíamos que no era así. Cuando abrió la puerta, pude ver al menos cinco o seis personas al azar acostadas en lo que parecía ser un montón de basura.

"Entra", dijo Darryl con tono inseguro.

"No, gracias". Le di un abrazo largo y le dije que solo había venido a ver cómo estaba. Sabía de inmediato que tenía que sacar a mi hijo de ese lugar, pero no estaba segura si estaría de acuerdo en venir conmigo. Llamé a Davion y le dije que se reuniera conmigo allí, luego fui a una tienda de Subway en la esquina y esperé a que llegara. Cuando llegó, volvimos al apartamento para rescatar a mi hijo.

Sir Darryl siempre había tenido su propia mente. Aparte de cosas como "haz tus deberes", "limpia tu habitación" o "ve a dormir", no había muchas veces en las que tuviera que decirle qué hacer. Sin embargo, hoy era diferente. Toqué la puerta.

"Soy yo otra vez, Darryl".

"Estaré allí en un minuto", pude escuchar a la gente moviéndose como si estuvieran tratando de arreglar el lugar antes de abrir la puerta.

Esta vez, le tomó un poco más de lo que debería haber sido para que él abriera la puerta, así que volví a tocar.

"Darryl, ¿qué está pasando?" Empecé a preocuparme. Un momento después, él abrió la puerta.

"¡Hola mamá!", dijo de nuevo, esta vez tratando de parecer normal. Lo agarré de nuevo y lo abracé fuertemente, susurrándole al oído.

"Te vienes conmigo a casa", dije en un tono firme.

"Está bien. Déjame agarrar mi ropa", no tuvo objeciones. De hecho, podía decir que estaba aliviado. No era el tipo de joven que pedía ayuda, pero definitivamente la aceptaba cuando llegaba. Recogió sus cosas que estaban tiradas por todo el cuarto y las metió en una bolsa grande de basura. Sir había estado en una espiral fuera de control durante varios meses, y recibía con agrado la oportunidad de regresar a casa y reagruparse. Nunca le pregunté exactamente qué había estado haciendo. Sabía por mi propia experiencia con las drogas que no necesitaba una charla de mi parte. Ya se estaba castigando a sí mismo por tomar decisiones tan malas. Estaba segura de que todo lo que necesitaba era un cambio de entorno y estar rodeado de su amorosa familia. Una vez que su mente estuviera clara, Sir Darryl era completamente capaz de encontrar el camino de vuelta a la senda correcta. Una vez que había comido y se había duchado, Sir se fue directamente a la cama. Durmió toda la tarde, se despertó, cenó y luego volvió a dormir. Estaba en paz porque mi bebé estaba seguro en casa conmigo. Estaba segura de que todo iba a estar bien.

No pasó mucho tiempo antes de que Sir estuviera de nuevo en el estudio al igual que sus hermanos. Esta vez, estaba comprometido a hacer su propia cosa, creando su propio sonido y volcando su corazón y alma en la pasión por la música que indudablemente era rica en su ADN. Pudo restaurar su relación con Kelly y después de unos meses en casa, los dos encontraron un apartamento no muy lejos de nosotros en Hawthorne y se mudaron juntos. Durante los siguientes años, su vínculo se hizo más fuerte que nunca.

Fue durante estos años que cada miembro de la familia Farris estaba prosperando a su manera. Sir Darryl se mantuvo ocupado con cualquier trabajo extra que pudiera encontrar en ese momento, mientras seguía trabajando en su música y desarrollando su estilo único. Kelly seguía trabajando en el departamento de contabilidad de la tienda de deportes Big 5 y juntos establecieron una base sólida para sus vidas.

Ronald disfrutaba de su trabajo en la Misión de L.A. Ayudar a los hombres a superar su adicción era su pasión, y era muy bueno en ello. Todos los chicos escribían y producían canciones en equipo y de forma individual. Consiguieron colocaciones con muchos artistas diferentes, incluyendo una canción de las Pussycat Dolls llamada *Takin' Over the World*, de su álbum *Doll Domination*.

Daniel pasó el verano de 2006 en un programa de inmersión en español en Costa Rica. Sabía que era lo suficientemente sabio como para cuidarse a sí mismo, e intenté no preocuparme por él lo mejor que pude. Nuestros chicos se habían convertido en jóvenes casi completamente independientes de sus padres. Me sentía bien con la dirección en la que se dirigían todos. Era evidente que les habíamos dado todo lo que teníamos, y ahora les correspondía a ellos decidir qué hacer con ello. Uno de nuestros momentos más orgullosos como padres llegó en 2007, cuando Daniel había completado todos sus cursos para su carrera y era hora de recibir su título de licenciatura. Al ser aceptado en UCLA, fue invitado a hablar como estudiante de primer año en la ceremonia de graduación de estudiantes negros. Ahora, como estudiante de último año, se le pidió que hablara una vez más. Esta fue una ocasión extremadamente especial porque, hasta ese momento, nadie en nuestra familia inmediata se había graduado de la universidad.

En los días previos a la graduación, Daniel me leyó su discurso varias veces para obtener mi opinión. Estaba lleno de pasión y un espíritu de activismo motivado por la falta de rostros negros en el campus de UCLA. Solo leería la primera mitad y luego diría que el resto es una sorpresa. No podía esperar para escuchar lo que había ideado. En la mañana del día de la graduación, antes de que pudiera llegar a la cocina y hacer mi taza de café, las lágrimas de orgullo y alegría comenzaron a fluir. Mi hijo había completado cuatro años en UCLA, una de las universidades más prestigiosas del país, y se graduaba con honores. Era fluido en español y se había convertido en un líder entre sus compañeros. Daniel estaba sentando un precedente para nuestra familia, que todavía es seguido por los miembros más jóvenes del clan Gouché-Farris.

Mi madre vivía sola en un apartamento en Compton y le dijo a Daniel esa mañana que se iba a quedar porque no se sentía cómoda conduciendo todo el camino hasta Westwood.

"¡Bambama, no te vas a perder esto! Voy a buscarte". Daniel condujo hasta Compton para recoger a su abuela. Toda la familia se reunió en la casa de Park Circle y, después de tomar fotos y tener nuestra celebración familiar previa a la graduación, nos encaminamos en caravana desde Inglewood hasta Westwood, al campus de UCLA. El largo camino desde el estacionamiento hasta Royce Hall fue un poco difícil para mi madre, pero todos estábamos tan contentos por la ocasión que no importó en absoluto. Simplemente tomamos nuestro tiempo, disfrutamos del paisaje y respiramos la belleza del día.

La ceremonia de graduación morena fue bastante única en el sentido de que fue tanto una celebración de la herencia morena y la cultura africana como de los logros de los estudiantes. En lugar de *Pomp & Circumstance*, el desfile fue dirigido por el alegre golpeteo de tambores congas y djembé, seguido de bailarines vestidos con trajes africanos tradicionales. En lugar de azul y dorado, las bufandas alrededor del cuello de los estudiantes eran de tela Kente. La habitación estaba rebosante de caras negras y marrones llenas de orgullo, pero ninguna más orgullosa que la familia Farris.

Daniel apareció temprano en la ceremonia y todos aclamamos cuando lo presentaron para hablar en nombre de su clase. Se acercó al micrófono, reconociendo primero a todos los que estaban allí para apoyarlo, comenzando por su padre. Luego, con tanto humor como elocuencia, describió la experiencia de ser moreno en UCLA compartida por muchos de sus compañeros. Daniel habló del activismo que se había convertido en una parte regular de su vida y su pasión por asegurar la admisión a universidades como UCLA para estudiantes de color. ¡Entonces, Daniel Farris se convirtió en D Smoke!

"Vamos a gritar al tope de nuestros pulmones como si estuviéramos locos, intentan silenciarnos, ¡así que vamos a luchar! Vamos a brillar como los diamantes que somos, ellos son tan deshonestos, intentamos difundir amor y ellos bloquean nuestra luz. Pero dejémoslo sonar en el ambiente, que somos negros y simplemente no podemos actuar como si estuviéramos felices aquí. No me hagas sacar

la mack y disparar aquí, porque llevaré el barrio a estas colinas de Westwood . . . ¡PERO ESPERA! Soy un educador, así que seamos realistas. Marcharemos hasta que nuestros talones estén entumecidos y no podamos sentirlos. Vamos a pasear como griegos y rodar como ruedas. Solo somos varios cientos, pero aún así . . . ¡me sentirás! Ahora, admisiones, escuchen. Al excluir a mi gente, admiten que no saben lo que se están perdiendo. Probablemente solo necesiten una buena patada académica en el trasero, porque en mi último examen de matemáticas . . . ¡YO puse la curva! Y apuesto a que tienen miedo de dejarnos entrar, pero se equivocan, la medicina de pre-salud negra está perfeccionando la medicina. Esta escuela es como una pasa y ahora vamos a hidratarla y agregarle sabor porque les falta melanina. Así que actuemos como si supiéramos lo que está sucediendo. Tenemos que defendernos porque nos quitaron nuestros derechos. ¡Levantemos a nuestra gente y hagamos saber que se han metido con el Negro equivocado, D SMOKE! En mi primer año, pensé que era un 'G', pero esta institución racista me convirtió en un revolucionario. Junto con muchos otros, mis hermanas y mis hermanos.

¡Así que levantemos el puño juntos, VAMOS! ¡CLASE DEL 07!

En ese momento, mientras la multitud aclamaba y mi familia se abrazaba y se chocaba las manos, los recuerdos de la vida única de Daniel inundaron mi mente. Pensé en el día en que nació y en las circunstancias terribles pero hermosas que lo rodearon. Pensé en ese pequeño niño testarudo que se negaba a quedarse en el corralito y en las peleas en las que se metía como niño pequeño. Me reí cuando recordé que le dijo a su abuela: *"¡Tengo que hablar!"* Y mientras veía el resto de la ceremonia y mi hijo y sus compañeros recibían el honor por el que habían trabajado tanto, una vez más, las lágrimas de gratitud y orgullo comenzaron a fluir.

Entre su familia y sus compañeros, Daniel debe haber tomado unas cientos de fotos mientras nos dirigíamos lentamente desde Royce Hall de regreso al estacionamiento. Luego fuimos directamente a nuestro restaurante favorito, el Cheesecake Factory en Marina Del Rey. Nuestra fiesta era bastante grande, al menos diecinueve o veinte personas, así que tuvimos que esperar a que nos prepararan un lugar en el patio inferior, alrededor de la hoguera. Durante las próximas horas, la familia Gouché-Farris celebró el increíble hito de Daniel mientras comíamos, hablábamos, reíamos, llorábamos e incluso cantábamos. Fue una de las ocasiones más inolvidables de todas. Daniel compartió con nosotros algunos de los detalles poco conocidos de su viaje universitario. Nos contó no solo sobre las veces que aprobó los exámenes y obtuvo las calificaciones más altas, sino también sobre el momento en que pronunció mal la palabra "epitome" delante de toda la clase, y la vergüenza y la humillación que sintió como resultado.

～

Nuestra primera prioridad como padres siempre había sido proporcionar a nuestros hijos un hogar estable, amoroso y feliz que ambos anhelábamos cuando éramos niños. Nuestra relación entre nosotros quedó en segundo plano para asegurar el bienestar de nuestros hijos. Sin embargo, a medida que se volvieron más independientes, las deficiencias en nuestro matrimonio comenzaron lentamente a surgir. Pronto nos dimos cuenta de que amar a Dios, ir a la iglesia y vivir una vida sobria y moral no era suficiente. Ninguno de nosotros había desarrollado las habilidades necesarias para cultivar una relación saludable. Nadie nos había enseñado la gestión del dinero o cómo comunicarnos efectivamente. No habíamos aprendido a lidiar con el daño causado por nuestra adicción y el trauma resultante que aún nos afectaba. Hasta este punto de nuestras vidas, toda nuestra energía se enfocaba en ser buenos padres, y estábamos teniendo éxito en eso. Pero fallábamos en nuestro matrimonio.

Cuando Ronald fue a la cárcel por primera vez, dejándome como madre soltera, una tormenta comenzó a gestarse en mi alma. Estaba enojada por las innumerables noches que pasé empapando mi almohada y resentía a Ronald por no estar allí. Pero este enojo y resentimiento habían sido cuidadosamente guardados para que pudiera experimentar la alegría de ser padre. Aún sin saber de esta tormenta, llegó a su punto máximo cuando Ronald dejó su trabajo en la Misión de Los Ángeles y las finanzas se volvieron extremadamente ajustadas. Por un tiempo, mi ingreso fue el único constante en el hogar y mis niveles de estrés estaban por las nubes.

El valor de la propiedad se disparó después de comprar nuestra casa en Park Circle y sacar una segunda hipoteca. El oficial de préstamos era un amigo ministro de nuestra iglesia, por lo que confiamos ingenuamente en que estábamos haciendo una buena jugada. Esta fue nuestra primera experiencia con la propiedad de una casa, por lo que no éramos conscientes de los peligros que acechaban en la industria hipotecaria. El préstamo era una hipoteca de tasa ajustable, y cuando la tasa cambió, ya no podíamos pagar las cuotas. Esta era la casa en la que Ronald había crecido, y la única casa que Ron Ron había conocido. Estaba ubicada en el corazón de Morningside Park, en Inglewood, en el codiciado Park Circle, y la estábamos perdiendo. La tensión que esto ejerció sobre nuestro matrimonio fue demasiado para mí. Inicialmente, Ronald y yo nos mudamos de la casa a un apartamento en el lado oeste de Inglewood. Nuestros hijos tenían veinte, veintiuno y veintidós años, y eran capaces de cuidarse por sí mismos.

Los chicos continuaron trabajando duro en su música, pero las cosas no estaban saliendo como habían esperado. Se asociaron con algunos gerentes diferentes, cada uno de ellos seguro de que podrían hacer de los hermanos Farris y el equipo Woodworks el "próximo gran éxito". Se reunieron y escribieron con diferentes productores y trabajaron en algunos de los estudios más lujosos de Hollywood. Pudieron conseguir algunos lugares significativos, ninguno de los cuales pareció mejorar su estatus en el mundo de la música. Finalmente, llegaron al punto en el que decidieron tomar sus carreras en sus propias manos.

Después de haber tenido suficiente de ser manejados por gerentes de la industria y estar decepcionados por promesas vacías, decidieron trabajar con el hermano mayor de Emmanuel, Shaun Chisolm. Áspero en los bordes, Shaun no era precisamente un tipo de la industria. Esto lo convirtió en el candidato perfecto para el movimiento de base que buscaban crear. Lo primero que necesitaban era un lugar para establecer su tienda; un lugar central para grabar, planificar y simplemente relajarse como equipo. Lo llamaron un "mound", haciendo referencia a la línea de Jay Z *"necesitamos un lugar para lanzar, necesitamos un montículo"*. Shaun Chisolm les ofreció exactamente eso.

Shaun no cortaba el cabello, pero era un luchador. Proporcionaba espacio para que sus compañeros limpiaran los bordes, esculpieran los desvanecidos y recortaran las barbas en la parte delantera mientras sus jóvenes amigos perseguían su sueño de construir un imperio musical en la habitación trasera. No era más grande que cuatrocientos pies cuadrados, pero servía como un espacio creativo, así como un lugar para que pudieran descansar por la noche. Por doloroso que fuera, no tuvimos otra opción que tomar la pérdida de nuestro hogar con calma y seguir adelante. En el área de almacenamiento en la parte posterior, Shaun tenía una prensa de camisetas de 5 unidades donde crearía mercancía para que la usaran en espectáculos y eventos, así como para ofrecer productos a sus fans.

Como el destino quiso, justo cuando sus esfuerzos musicales entraban en una nueva fase, Daniel recibió un cheque de $86,000 por escribir y producir la canción *"Never"*. Antes de que llegara el dinero, experimentaron momentos de frustración, buscando trabajos diarios, vendiendo suscripciones de periódicos y preguntándose acerca de sus posibilidades de éxito. Sin embargo, Daniel lo tomó como una señal de que debían seguir adelante. En un acto decisivo de liderazgo, compró una camioneta de quince pasajeros, la decoró con las caras y la información de contacto del equipo de Woodworks, compró un sistema de sonido listo para conciertos y un par de equipos para mejorar la calidad de su sonido. Estas inversiones los revitalizaron y les dio confianza en su nueva dirección.

Daniel describe el espíritu de Woodworks durante ese tiempo y los eventos posteriores:

"Mientras viajábamos en nuestra nueva camioneta, podíamos sentir la energía de la comunidad local. Sabían que estábamos aquí. Sabían que estábamos haciendo algo. Ese año actuamos en toda el área de Los Ángeles, desde el club Whisky-A-Go-Go en Hollywood hasta actuaciones y mendicidad en Venice Beach y la Santa Monica

Promenade. Todavía sabíamos que necesitábamos mucha exposición y estábamos dispuestos a ganarla de a poco, un show a la vez. Hubo muchas veces en las que instalamos nuestro sistema de sonido en espacios abiertos y tocamos, utilizando un generador e instrumentos en vivo.

Mientras todo esto estaba sucediendo, el hermano menor de Shaun Chisolm, mi mejor amigo de la infancia se estaba disminuyendo rápidamente a causa de las complicaciones causadas por las rondas de quimioterapia y radioterapia. Después de trabajar juntos durante algunos años, un desacuerdo acerca de un acuerdo que nos ofrecieron nos llevó a seguir nuestras carreras musicales por separado. Curiosamente, su hermano continuó manejándome a mí y a mi equipo mientras que su segundo hermano mayor Mark lo ayudó a crear Akadame Records mientras trabajaba en su primer proyecto en solitario titulado "Rap School for Dummies".

Después de haber estado en un grupo con él durante dos años, yo era muy consciente de sus desafíos con el linfoma, pero todos sabíamos que lo superaría. Era joven y tenía un espíritu animado. Poco sabía yo que durante los meses en los que nos centramos en nuestras empresas separadas, Chiz sufriría un rápido declive. En una semana recibí algunas de las mejores y peores noticias que podía haber recibido. Kendrick Lamar, uno de los mejores raperos en ascenso en la costa oeste, estaba actuando en el Whiskey a Go Go y necesitaba teloneros. Por supuesto, confirmamos y fuimos a hacer uno de nuestros mejores shows hasta la fecha. Sin embargo, en esa misma semana, Sean Chisolm entró al estudio. "¿Cuándo fue la última vez que fuiste a ver a Man?" preguntó. Le decíamos Man, abreviatura de Emmanuel. Le dije que habían pasado algunos meses, pero que habíamos hablado recientemente. Todavía tenía la costumbre de llamar para ver cómo estaba.

"Necesitas ir a verlo mientras todavía puedas." Podía ver en su rostro que era urgente.

Esa semana, la noche antes del espectáculo en el Whiskey a Go Go, Tiffany y yo fuimos a la casa de Chiz a visitarlo. Cuando llegamos a la puerta, su prometida, Brittney, nos recibió con un cálido abrazo y nos ofreció agua antes de llamar a Chiz. Nos sentamos en el sofá y esperamos a que saliera, sintiendo una energía mórbida en la habitación. Chiz salió lentamente vistiendo una bata de hospital que se había llevado a casa. Su piel estaba pálida y parecía pesar menos de 100 libras. Debajo de sus mangas, las heridas se desprendían de sus brazos mientras su cuerpo luchaba por expulsar los tratamientos rechazados.

A pesar de todo esto, sonrió y nos saludó como si todo estuviera bien.

"¿Qué onda a todos?" Dijo.

"¿Qué pasa, Chiz?" Respondimos los dos, luchando por mantener nuestras caras sin mostrar la angustia que estábamos sufriendo. Hablamos un poco sobre lo que había estado sucediendo en el estudio y nos contó sus complicaciones, pero hablaba como si todavía fuera optimista sobre el resultado. Nos informó que había decidido ir completamente natural ya que los medicamentos le habían impedido poder digerir los alimentos y lo dejaron sintiéndose débil. Nos felicitó por haber reservado el espectáculo de apertura para Kendrick Lamar.

"Ésa es la multitud perfecta para ustedes", dijo. Continuó diciendo: "si estoy de pie y andando, voy a ir al show". En ese momento, me costó mucho no derrumbarme. La sonrisa que él mantenía era lo único que me impedía quebrarme. No nos quedamos mucho tiempo, sabiendo que él estaba ligeramente incómodo al ser visto en esa condición. Antes de irnos, le dijimos que estábamos rezando por él y que lo amábamos. Él nos aseguró lo mismo y nos fuimos.

Al día siguiente, hicimos un gran show en el Whisky a Go Go. Recibimos amor del público, que gritaba por nuestros CDs mientras los arrojábamos desde el escenario. Luego desmontamos nuestro equipo y nos embriagamos, sabiendo que nuestro amigo no estaba bien y, por supuesto, no apareció. Dos días después, Emmanuel fue admitido en el hospital. Esto no fue una sorpresa. En ese momento, sabíamos lo que era inevitable. Lo visité una vez solo para hacerle saber lo orgulloso que estaba de ser su amigo, y *luego seguí enseñando en la View Park High School durante el día y escribiendo canciones por la noche.* Dos días después de visitarlo en el hospital, un administrador me llamó fuera de clase donde estaba enseñando en View Park High School. Me informaron que habían contratado un suplente y que un miembro de la familia estaba allí para verme. Salí de mi aula y vi a mi tío Funzell. Nunca me había visitado en el trabajo antes. En ese momento, supe lo que había pasado, pero todavía esperé que lo confirmara. "Chiz falleció anoche poco después de la medianoche", me dijo. Me abrazó mientras lloraba en su hombro."

~

Después de perder nuestra casa, mi ira y resentimiento que habían estado cuidadosamente ocultos durante tantos años, brotaron a la superficie. Después de cuatro meses de vivir en ese pequeño apartamento, llegó a un punto de ebullición. Ya no podía quedarme con Ronald, así que solicité el divorcio y me mudé a mi propio apartamento. Habíamos superado la adicción a las drogas y el encarcelamiento y habíamos criado con éxito a cuatro hombres jóvenes responsables, pero nuestra relación como marido y mujer había llegado a su fin.

Como si perder nuestra casa no fuera lo suficientemente devastador, el final de nuestro matrimonio golpeó duro a casi todos los que nos conocían, especialmente a nuestros hijos. Aunque eran lo suficientemente mayores para entender mi decisión, no les gustó. Ron Ron fue particularmente lastimado cuando dejé a su padre. Habíamos estado juntos durante dos tercios de su vida, y no sabía cómo manejar el hecho de que nuestra relación había terminado. Me rompió el corazón saber que mi decisión causó tanto dolor a tanta gente, pero el peso que cargaba se había vuelto demasiado pesado para mí.

~

Desde el divorcio, tanto de mi vida había cambiado. Amaba a Dios y mi esencia espiritual seguía intacta. Pero con un matrimonio fallido y la pérdida de nuestra casa, gran parte de lo que me habían enseñado a creer ya no parecía real. Sin embargo, cada domingo todavía se esperaba que liderara la congregación en alabanza, sin importar cómo me sintiera por dentro. En la superficie, parecía tener todo bajo control. Tenía una exitosa carrera en la música y un trabajo haciendo lo que amaba hacer.

Tenía cuatro hijos hermosos, pero en lo más profundo de mi ser estaba miserable. Anhelaba desesperadamente ir a la iglesia, sentarme en la audiencia y llorar hasta que el dolor desapareciera. Pero cada domingo me ponía mi mejor sonrisa y le pedía a Dios que me ayudara a liderar a la congregación en una adoración genuina y sincera.

Vivía en un apartamento de una habitación en un complejo exclusivo llamado The Heights en Centinela y La Ciénega en el oeste de Los Ángeles. Mi alquiler era de mil quinientos dólares al mes, lo que suponía un esfuerzo para mí. Cuando le dije a Daniel que los apartamentos de dos habitaciones costarían solo seiscientos dólares más que lo que estaba pagando actualmente, aceptó ser mi compañero de vivienda. Estaba segura de que todos mis hijos me amaban, pero Daniel era el más solidario. Mi relación con cada uno de mis hijos era única. Me relacionaba con Daniel como amiga tanto como como madre. Aunque había sido capaz de manejar las cosas bastante bien cuando Ronald no estaba, muchas veces me encontraba vaciando mi corazón ante el pequeño Daniel. Incluso a la edad de diez años, tenía la presencia de ánimo, así como la sabiduría para no solo prestar una oreja para escuchar, sino también para ofrecerme palabras de aliento. Ahora, como director del programa SHAPE, se había convertido en un consejero para mí.

Mi matrimonio no era lo único en lo que había perdido la esperanza. Había perdido la confianza en mí misma. Ya no me sentía capacitada para liderar la adoración, pero la música era lo único que conocía y no podía permitirme renunciar a mi trabajo. Había perdido toda esperanza de tener una carrera como artista. Tenía cuarenta y cinco años y creía que mi temporada había pasado. Todavía había algunas cosas que me daban un sentido de autoestima. Segura de mis habilidades intelectuales, decidí volver a la universidad y comenzar a trabajar para obtener un título en psicología. Sentía que la música era demasiado exigente para mi edad y que tenía que esforzarme mucho para mantener una cara feliz y continuar en mi posición como líder de adoración.

Lo único que me hacía sentir bien conmigo misma era el hecho de ser madre de unos hijos increíbles. Estaban trabajando muy duro y claramente en un camino hacia el éxito. Tenía confianza en sus habilidades, pero había perdido la esperanza en las mías. Daniel, por otro lado, veía mucho más en mí de lo que yo misma podía ver. Le conté mis planes de volver a la escuela y convertirme en psicóloga, y él parecía un poco molesto conmigo.

"¡Mamá, estás loca! ¡Eres increíble! Tu don sigue siendo tan prolífico como siempre lo ha sido. ¿Tienes idea del efecto que tienes en la gente de la iglesia? ¡Eres tan ungida! ¡Y todavía eres hermosa!" Sus palabras eran tanto de reprimenda como de aliento.

"¡Voy a producir un proyecto sobre ti!" declaró. Mi corazón no quería estar de acuerdo, pero como confiaba en mi hijo, seguí sus planes. Además, en realidad no importaba lo que dijera. La mente de Daniel estaba hecha, y como el pequeño de ocho meses en el corralito, sabía que era mejor no discutir con él. La idea de ser una artista gospel en ese momento era extremadamente desafiante. Sin embargo, el hecho de que mi hijo fuera a ser el productor lo hacía todo más sensato.

En pocas semanas, Daniel tenía varias pistas para que las escuchara. Había solicitado la ayuda de sus dos hermanos y de su prima, Tiffany. Y cuando comenzaron a reproducir algunas de las pistas para mí, me sorprendieron gratamente.

"Maravilloso Salvador, creador incomparable, todo poderoso eres.
Estaba tan manchado, me sentía tan avergonzado que pensé que
había ido demasiado lejos. Pero estabas allí cuando había dejado

todo, tu gracia y misericordia se desbordaron. Cada vez que mi fuerza fallaba, tú tomabas el control, estoy tan feliz de conocerte. Toda alabanza a ti, ya no estoy atado, no digo que mis problemas ya no existan. Pero cuando siento que el camino que recorro es demasiado difícil, recuerdo que no hay nadie como mi Dios."

Davion había escrito la primera estrofa y el coro de esta canción. Me lo envió por correo electrónico y me preguntó si me gustaba.

"¿Me gusta? ¿Estás bromeando? ¡¡¡Me ENCANTA!!!"

Me sorprendió cómo mi hijo fue capaz de capturar mis sentimientos en estas letras y ponerlas en una pista que nunca hubiera podido crear por mi cuenta. Davion lo cantó como demo para mí, pero su voz sonaba tan hermosa que insistí en hacer un dúo.

Antes de que pudiera procesar la agradable sorpresa que acababa de recibir, me enviaron otra. Esta vez era una canción escrita por Daniel y producida por mi sobrina, Tiffany Gouché, llamada "Big God, Little Me". Me enviaron la pista, con el coro ya hecho. Completé la canción escribiendo las estrofas y el puente, e incluso Daniel añadió una estrofa de rap. Este patrón continuó durante unos meses hasta que terminamos un proyecto del que estaba extremadamente orgullosa, con *"Big God, Little Me"* como la canción principal del título.

"Sol, luna, todos los ejércitos del cielo, la tierra, el cielo, declaran la gloria de Dios, mi Dios. Él es soberano y santo y solo al único Dios sabio sea la majestad y el poder. Él que se sienta en Su trono celestial . . . solo Él trajo salvación a todos los que creen. Cada valle será exaltado y cada montaña y colina será bajada. Lo doblado será enderezado y los lugares rugosos serán suavizados, todo por el poder

de Su nombre. ¡GRAN DIOS, pequeño yo! El creador de todo lo que ves. Más allá de la eternidad, perfeccionando todo lo que me concierne. ¡GRAN DIOS, pequeño yo! El único que puede liberarte. Un solo Dios en la Trinidad. ¡TAN GRANDE, pero Él habita en las alabanzas de pequeño yo!"

El relanzamiento de mi carrera musical comenzó bastante bien. Viajaba a diferentes iglesias, tocaba, cantaba y lideraba la adoración, impartía seminarios y vendía productos. La gente constantemente era bendecida mientras compartía el don que Dios me había dado, pero seguía luchando en mi vida personal. Mi recién adquirida soltería me brindaba una libertad que nunca había experimentado como adulta, y no había nada en mis experiencias previas que pudiera haberme preparado para ello. Era como un niño en una tienda de dulces, y aunque la idea de salir con alguien era algo extraña para mí, era hora de aprender de qué se trataba.

Comencé a explorar todas mis opciones. Esto incluyó registrarme en sitios web de citas e ir al club los viernes, así como conocer hombres en lugares aleatorios como supermercados y el gimnasio. Debido a mi formación religiosa y al hecho de que me casé a la tierna edad de 21 años, sentía que había perdido una parte vital de la vida, y era hora de ponerme al día. Conocer hombres era fácil. Que alguien me llevara a cenar o me comprara bebidas era divertido. Pero después de varios meses de salir, beber, bailar y ponerme al día, comenzó a sentirse el vacío. Pensé que estaba lista para encontrar a alguien con quien establecerme, pero encontrar a alguien lo suficientemente atractivo como para despertar mi interés y lo suficientemente sabio como para mantenerlo, bueno, resultó ser mucho más fácil de decir que de hacer.

Mientras yo disfrutaba de mi soltería y salía con una serie de hombres diferentes, Ronald odiaba la idea de estar soltero y vivir solo. A principios de 2009, se propuso encontrar a alguien que me reemplazara. Vanessa estaba convenientemente ubicada en la iglesia a la que asistía, y comenzaron a salir juntos. El verano siguiente, Ronald fue designado como pastor de una pequeña iglesia en Altadena. Como líder espiritual, tuvo que tener cuidado de seguir todas las reglas, incluida la prohibición del sexo prematrimonial. Entonces, le propuso matrimonio a Vanessa, y ella aceptó. Buscaba una cura para aliviar el dolor del divorcio y la pérdida de nuestra casa, y creía que una esposa era lo que necesitaba. No pasó mucho tiempo antes de que Ronald descubriera que su matrimonio con Vanessa no solo no satisfacía sus necesidades, sino que también venía con una lista completa de complicaciones para las que no estaba preparado.

Aunque Ronald nunca ha sido el tipo de hombre que engañaría a su esposa, Vanessa era extremadamente celosa. Nadie podía convencerla de que no estaba teniendo múltiples aventuras. En un momento dado, fue a cumplir con su deber como pastor y consolar a una familia que acababa de perder a una niña de diecinueve años, muerta por un conductor ebrio. Estaba en la casa de la madre afligida tratando de ministrarle, pero su teléfono celular seguía sonando. Por supuesto, era Vanessa. Ignoró las primeras cuatro llamadas, pero en la quinta, decidió alejarse y contestar su teléfono. Se disculpó y salió por la puerta trasera a la lavandería. Vanessa podía escuchar el ruido de la lavadora cuando él respondió a su llamada.

"Cariño, te dije que iba a visitar a una familia. ¿Qué es tan importante que sigues llamando?" Trató de mantener su tono sin sonar demasiado molesto, sabiendo que solo empeoraría las cosas.

"¿Qué ruido es ese?" Vanessa no prestó atención a su pregunta. Estaba lista para acusarlo de infidelidad.

"¿Qué ruido?" Ahora estaba verdaderamente molesto.

"¡Estás acostándote con alguien en este momento, verdad?!" Ronald no podía creer lo que estaba escuchando. Ella confundió el sonido de la lavadora como el sonido de él teniendo relaciones sexuales con otra mujer. Sabía en ese momento que había entrado apresuradamente en lo que ahora parecía una situación sin esperanza. Durante los siguientes meses, las acusaciones continuaron y con el final de ese año también llegó el fin de su matrimonio con Vanessa.

Ronald comenzó a tomar una bebida ocasional, lo cual al principio parecía inofensivo. Luego, en 2011, tuvo un accidente automovilístico y tuvo que ser operado de la espalda. El dolor que experimentó le dio una razón para beber aún más. De 2010 a 2012, el consumo de alcohol de Ronald aumentó lentamente desde unos pocos tragos de vez en cuando, hasta convertirse en un ritual diario. Al menos tres o cuatro días cada semana, salía al bar de karaoke, a menudo bebiendo hasta el punto de perder la conciencia. Experimentaba períodos que iban desde unos pocos momentos hasta varias horas en las que no podía recordar nada de lo que había hecho. A pesar de las reprimendas de sus hijos y sus hermanas, este patrón desafortunado continuó hasta el 29 de septiembre de 2012, cuando todo cambió.

En el camino de regreso del Falcon Bar en Manhattan Beach, alrededor de las tres de la mañana, Ronald se detuvo a comprar cigarrillos. Ese momento fatídico en la gasolinera en la intersección de Jefferson y Crenshaw es donde Ronald volvió a abrirse a su viejo amigo, la adicción. Había estado libre de drogas durante más de veintitrés años, pero una vez que puso esa pipa en su boca, cayó de nuevo en su comportamiento compulsivo como si quisiera continuar justo donde lo dejó. Después de unas semanas de estar drogado, sus hermanas lo convencieron de que buscara ayuda, así que se internó en el hospital de la Administración de Veteranos, donde estuvo durante veintiún días. Después, fue enviado a un centro de tratamiento residencial llamado la Casa Bimini.

Desde muy jóvenes, tanto Ronald como yo creíamos firmemente en Dios y Su Palabra. También hemos llegado a comprender que conocer y caminar con Dios no te exime de los desafíos, dificultades y fracasos de la vida. Sin embargo, te brinda un sistema de orientación para navegar por ellos y ayudarte a salir más fuerte, más sabio y mejor en muchos sentidos. Con la perspectiva del tiempo, es evidente que este sistema de orientación estaba funcionando incluso cuando Ronald estaba bebiendo y drogándose. Durante su estancia en el hospital de la Administración de Veteranos, Ronald aprendió sobre VRAP, el Programa de Asistencia para la Recapacitación de Veteranos. Le proporcionó una asignación mensual de educación de mil cuatrocientos dólares.

Muchos de los hombres en Bimini eran exmiembros de pandillas y exconvictos con un pasado mucho más colorido que el de Ron. También había varios veteranos que estaban aprovechando el VRAP y regresando a la escuela. Ronald se inspiró en el hecho de que parecían estar prosperando en el programa. Algunos de ellos incluso eran estudiantes de sobresaliente. Una vez que se estableció en Bimini, se comprometió seriamente con su sobriedad y su educación.

Después de tener más de veintitrés años de sobriedad, para Ronald fue humillante empezar a contar de nuevo desde el día uno. Se encontró con hombres en el programa que él había asesorado cuando trabajaba en la Misión de Los Ángeles. Lo conocían como Capellán Farris, pero ahora era uno de ellos, tratando de recuperar su vida. Cuando descubrieron que era un pastor, incluso solicitaron que comenzara a enseñar estudios bíblicos en el programa, pero él declinó.

"No estoy aquí por eso, estoy aquí para concentrarme en mi recuperación", explicó. Ron era muy consciente del trabajo que le llevaría superar su adicción con éxito, y no permitiría que nadie lo distrajera.

Entre 2010 y 2012, Ronald y yo no nos comunicamos mucho. Estaba ocupado trabajando en su relación con Vanessa. Cuando su matrimonio terminó, sabía exactamente lo que quería, y decidió ir por ello. En esta etapa del juego, ni siquiera estaba considerando la posibilidad de volver con él. Pero Ronald me conocía lo suficientemente bien como para saber exactamente cómo llamar mi atención.

Estaba terminando el proyecto "Gran Dios Pequeño Yo" con Daniel cuando Ronald llamó para ver si podía ayudar en algo. Además de su estipendio educativo, también estaba recibiendo dinero del seguro por su accidente automovilístico. Como si eso no fuera suficiente, tenía dinero proveniente de ayuda financiera, todo mientras vivía sin pagar alquiler en Bimini.

"Oye Jackie, sé que estás trabajando en música con Daniel. Puedo ayudarte con algunos de los gastos". Me sorprendió su oferta. Parecía salir de la nada, pero estaba siendo estratégico. Había estado conmigo en todos los altibajos de mi carrera y sabía cuánto significaría para mí que contribuyera a mi éxito. Acepté de inmediato su oferta, y comenzó a pagar una cosa tras otra. Para cuando el proyecto estuvo completo, había gastado más de cinco mil dólares, lo cual era muy importante en ese momento.

Además de ayudarme con mi música, Ronald ofrecía llevarme a cenar con frecuencia. "Sin compromisos" era su promesa favorita. Yo le había dejado en claro que no estaba interesada en nada más que amistad, y él estaba dispuesto a ser mi amigo.

Después de salir con varios hombres que no eran material de esposo, pasar tiempo con él era refrescante. Sabía exactamente quién era él, y lo que era aún más importante, sabía que me amaba incondicionalmente. Salíamos a cenar y al cine de vez en cuando durante varios meses, pero mientras Ronald trabajaba en reavivar nuestra antigua llama, nuestros hijos estaban ocupados esforzándose en su música.

RONALD FARRIS I

DANIEL "D SMOKE"

CAPÍTULO OCHO

INDUSTRIA DE LA MUSICA

Una vez que Daniel recibió su primer gran cheque de regalías e invirtió en la camioneta y el equipo de sonido, era hora de dar otro paso más. Después de pasar varios meses viviendo y trabajando en el espacio diminuto proporcionado por Shaun, era evidente que el espacio ya no era suficiente, así que Daniel aprovechó una oportunidad para alquilar un espacio comercial en Manchester y La Brea en Inglewood. Tenía alrededor de novecientos pies cuadrados con un baño pequeño en la parte trasera y un desván arriba. Se estaba utilizando como espacio de almacenamiento para materiales de construcción. Los pisos eran de azulejos reciclados medio terminados llenos de grietas y masilla esparcida. Tablas de madera y láminas de metal aleatorias se apoyaban contra la pared sobre una lata de pintura medio vacía. Sentados en la parte trasera cerca de la pared había dos sillas de cuero marrón con el relleno amarillo saliendo por los agujeros en la tela. Las paredes estaban pintadas de varios colores como si el inquilino anterior no pudiera decidir en qué dirección ir y los usara todos. No había arte, ni visión cohesiva, ni propósito, sin embargo, Daniel todavía veía posibilidades ilimitadas.

Daniel y Sir pasaron los siguientes varios meses haciendo innumerables viajes a Home Depot en busca de suministros. Desmontaron completamente el lugar, eliminando todo el mobiliario antiguo, latas de pintura, tablas de madera, baldosas y láminas de metal. Luego, paso a paso, Daniel y Sir construyeron la unidad en el lugar de negocio que habían imaginado. Instalaron pisos de madera laminada panel por panel, luego erigieron una fachada de ladrillo en una de las paredes principales para crear un efecto rústico. Instalaron espejos en la pared opuesta a los ladrillos, enmarcándolos con paneles de madera que midieron, cortaron, lijaron, tiñeron y terminaron ellos mismos. Una vez que la habitación estaba casi completa, encargaron una obra mural a una artista local llamada Ms. Huggy de Aretha Franklin, Miles Davis, John Coltrane y Ella Fitzgerald. Erigieron un andamio de 12 pies para que pudiera alcanzar la altura de la pared en la sección con el techo abovedado. Mientras ellos delineaban su obra maestra, tocaban su música y describían la visión para el espacio.

Les llevó cuatro meses, pero transformaron por completo el lugar en un negocio multifuncional con una tienda y estudio de grabación. La sala principal se alquilaba para clases de baile, ensayos o sesiones de video. También permitían que otras marcas vendieran su ropa, sombreros y joyas allí, tomando una comisión de todas las ventas.

Lo más emocionante que sucedía en Woodworks cada jueves por la noche, la misma noche en que yo dirigía el ensayo del coro, era un movimiento de artistas llamado Bass & Treble. Cada semana el evento era organizado por uno de los miembros del equipo de Woodworks y presentaba a otro. Ya fuera que Tiffany fuera la anfitriona y D Smoke actuara, o que Davion fuera el anfitrión y Sir actuara. También tenían un artista invitado adicional cada semana. Algunos de los talentos más brillantes de la industria aparecieron en Bass & Treble, incluyendo a Robert Glasper, Terrace Martin, Kenyon Dixon, Alex Isley, Iman Europe, Iman Omari, Sha'Leah Nikole y muchos otros.

Woodworks se había convertido rápidamente en un centro para la industria en la ciudad de Inglewood. Y aunque todos en el equipo disfrutaban de su éxito, seguía siendo el estudio de Daniel. Davion quería hacer algo independiente de sus hermanos, así que decidió que era hora de empezar por su cuenta. Alquiló un lugar casi a una hora de distancia, en Van Nuys, abriendo un estudio llamado la Sala Roja. La noticia corrió rápidamente sobre los hermanos Farris y el campamento de Woodworks, así que cuando se enteraron del lugar de Davion en el valle, empezó a atraer a todo un nuevo grupo de personas de la industria. Al igual que en Woodworks, Davion celebraba mezclas, fiestas y eventos donde los artistas podían venir y mostrar su talento. Luke James, Steve Russel y Eric Bellinger son solo algunos de los artistas que pasaron por la Sala Roja.

Durante este tiempo, mi hermano Andrew trabajaba como director musical de Chaka Khan y me contrató como una de sus coristas. Hicimos una gira de tres semanas por Japón, visitando Tokio, Osaka y Sapporo. No pude seguir viajando debido a mi trabajo en la iglesia, así que Davion ocupó mi lugar. Su primer trabajo como corista fue para Abraham McDonald, el ganador del concurso de karaoke de Oprah en 2011. Esa gira los llevó a los Países Bajos, Suiza y Tanzania. También hizo una gira por Israel, Irak y Kuwait cantando detrás de Chaka Khan. Cuando no estaba de gira, Davion escribía, producía y hacía shows en la Sala Roja o en el estudio de Woodworks con sus hermanos y su prima Tiffany.

Davion había sido el primero de sus hermanos en dominar el arte de la ingeniería de estudio, y cuando no trabajaba como compositor, productor o corista, se ganaba la vida como ingeniero de estudio. Entrenó tanto a Daniel como a Sir en el proceso de aprender a navegar por los programas de grabación, pero Sir Darryl quería ir más allá. Creía en ser el mejor en lo que hiciera, así que decidió inscribirse en la Escuela de Cine de Los Ángeles. En dos años, se graduó con un título asociado en producción musical.

En el proceso de aprender a ser ingeniero de sonido, Sir también estaba desarrollando su estilo de música. Aunque había sido el de todos mis hijos quien más protestó contra las lecciones de música, aún estaba absorbiendo todo lo que le enseñaba, y eso comenzó a demostrarse cuando empezó a escribir y producir sus propias canciones. Él creaba una pista y luego pedía la opinión honesta de sus hermanos. No siempre era bueno, pero esto lo hizo crecer rápidamente en un asombroso compositor.

"Sigo teniendo el mismo sueño de siempre, el de que estás conmigo". Utilizó el divorcio de sus padres como inspiración para escribir la canción desde la perspectiva de su padre, como un hombre que continuamente soñaba que él y su esposa seguían juntos. *"Llevabas puesto ese vestido rojo . . . que te compré por Navidad. Tan solo verte seguía recordándome todo lo que amaba. Tenía tu mano y . . . estábamos en un lugar romántico. Me acerqué para besarte, pero en cuanto lo hice, chica, desapareciste . . . ¡Maldición!"*

Sir tocó esa canción para mí y casi pierdo la cabeza. Era verdaderamente una de las canciones más brillantes que había escuchado, así que supe de inmediato que su don era real y prolífico.

Todo en lo que podía pensar eran en las docenas de veces que tuve que suplicar, sobornar o amenazarlo para que cantara con sus hermanos. Realmente no esperaba que persiguiera la música como su pasión, pero se volvió claro para mí que el problema nunca fue la falta de amor por la música, simplemente no le gustaba que le dijeran qué hacer.

Desde que Sir Darryl era un niño pequeño, quería hacer las cosas a su manera. Desde usar el baño en sus propios términos hasta los juguetes con los que elegía jugar, Sir siempre tenía su propia forma de pensar. Y si sus hermanos lo estaban haciendo, él quería hacer algo diferente.

Me dio una gran alegría ver a Sir Darryl en el estudio, y aún mayor alegría cuando escuché lo que era capaz de hacer. No solo escribía letras brillantes, sino que también era un cantante increíble y un maestro arreglador vocal. Ahora estaba segura de que, a pesar de todas sus protestas y rechazos, había estado prestando atención cuando les daba lecciones de canto, entrenaba sus pequeños oídos y les enseñaba teoría musical. Era casi como si hubiera una brújula interna que lo guiaba de regreso a su destino musical.

Sir Darryl solicitó trabajos ocasionales para mantener a su esposa y a sí mismo mientras perseguía sus metas musicales. Consiguió un trabajo vendiendo alfombras, pero eso no duró mucho. También intentó vender suscripciones de periódicos, pero lo odiaba por completo. Finalmente, consiguió un trabajo como vendedor en Guitar Center en el área de South Bay, cerca de Los Ángeles. Era el trabajo perfecto para él debido al descuento que recibía en su equipo. Sir trabajaba en su trabajo durante el día y en su música por la noche. En 2015 lanzó un proyecto llamado Seven Sundays en un sello llamado Fresh Selects, lo que creó inmediatamente un revuelo en la industria.

Actuaba en diferentes lugares de Los Ángeles y, aunque el proyecto fue algo exitoso, mantuvo su trabajo en Guitar Center.

TDE

Dave Free, un manager en Top Dawg Entertainment (TDE), una disquera independiente establecida, se encontraba con alguien que estaba escuchando Seven Sundays. Quedó impresionado por la música de Sir, así que se comunicó con Kenny, el dueño de Fresh Selects, y le pidió que organice una reunión. Kenny llamó inmediatamente a Sir Darryl.

"Oye, ¿sabes dónde está Santa Mónica?" preguntó Kenny.

"Estoy en Culver City en este momento", respondió Sir.

"Bueno, Dave Free y Kendrick Lamar quieren conocerte. ¿Puedes llegar ahora mismo?"

"Estaré allí en quince minutos". Sir se dirigió inmediatamente a Santa Mónica para su primera reunión con TDE.

Cuando llegó a la reunión, todos estaban relajados. Jay Rock, Dave Free y Kendrick Lamar estaban todos allí. En los primeros momentos de charla informal, Jay Rock informó a Sir que estaban relacionados.

"¡Hombre, somos primos!" declaró Jay Rock.

"¿Cómo es eso?" Sir estaba intrigado.

"¡Tu tía Linda es mi tía Linda!" Era como si Jay Rock no pudiera esperar para hacer la conexión. Continuó,

"¡Su esposo, el tío King, es mi tío, mi tío de sangre!"

"¿Qué tal, primo?" respondió Sir. Ambos rieron y se dieron la mano como si se conocieran desde hace años.

La reunión fue excepcionalmente buena. Sir tocó más de su música y Dave Free quedó aún más impresionado con él al final del día.

Comenzaron a discutir la posibilidad de firmar a Sir en su sello, y dentro de cuatro meses, el trato estaba asegurado.

~

El trabajo de Daniel como director del programa SHAPE en UCLA llegó a su fin y le ofrecieron un puesto en la Escuela Secundaria Inglewood como profesor de español. La Sra. Tate todavía era la directora de la escuela y estaba emocionada de tener a su exalumno ocupando el puesto. Los hombres afroamericanos que pueden enseñar español son difíciles de encontrar en Los Ángeles. Daniel aún no había obtenido su credencial de enseñanza, pero había una estipulación de que podía tomar el trabajo siempre y cuando estuviera inscrito en un programa. Cuando Daniel me dijo que iba a enseñar en Inglewood, estaba emocionada y orgullosa. Después de felicitarlo y decirle lo orgullosa que estaba, inmediatamente le ofrecí algunos consejos maternales. "Sabes que tienes que tener cuidado, ¿verdad?" "¿Qué quieres decir?" Respondió él.

"Nunca permitas que te encuentres en una posición comprometedora con esas chicas jóvenes", expliqué.

"Confía en mí, mamá, ya lo sé", me aseguró con confianza.

Sabía que Daniel era un joven respetuoso, sabio y responsable, con un carácter que no le permitiría involucrarse intencionalmente en algún lío, pero no era él en quien estaba preocupada. No era ningún secreto que algunas de las estudiantes de Daniel lo encontrarían atractivo, e incluso algunas podrían buscarlo activamente. Solo quería asegurarme de no encontrarme en una posición en la que tuviera que estrangular a alguna chica joven por mentir sobre mi hijo. "¡Solo asegúrate de nunca estar a solas con una estudiante femenina!"

"De acuerdo mamá", él estuvo de acuerdo. Daniel nunca tuvo problemas con las chicas de su clase, así que mis preocupaciones eran infundadas.

Daniel enseñó en Inglewood High School durante dos años, luego un año en Westchester High School. Se tomó un descanso de la enseñanza por un tiempo para trabajar en su música, pero cuando le ofrecieron un puesto en View Park Preparatory High School, decidió volver a enseñar. Después de enseñar allí durante un año, Daniel aceptó una oferta para enseñar en Augustus Hawkins High School ubicado en el lado sur de Los Ángeles en la calle Sesenta y cuatro y Hoover. Esto resultó ser un trabajo desafiante para él porque la cultura era diferente a cualquier escuela en la que había trabajado antes.

"Mamá, por favor ora por mí", dijo y pude decir por el sonido de su voz que estaba siendo serio.

"¿Por qué? ¿Qué pasó?" Dije mientras tomaba una respiración profunda para tratar de disminuir mi ritmo cardíaco.

"¿Cómo se supone que debo evitar golpear a uno de esos estudiantes faltos de respeto en la cara?"

"¡Sabes que no puedes hacer eso, Daniel!"

"Lo sé mamá. Nunca lo haría en realidad. Pero no estaba preparado para lo que tengo que enfrentar en el aula", dijo mientras expresaba sus frustraciones.

"Tengo algunos chicos realmente geniales en mi clase. Pero también tengo algunos cabezas huecas. Paso tanto tiempo lidiando con los difíciles que es injusto para aquellos que están seriamente interesados en aprender". Escuché mientras él delineaba sus problemas, deseando tener la respuesta, pero no la tenía. Sin haber estado alguna vez en su posición, no tenía idea de qué decirle. Pero lo que sí sabía era que él iba a descubrirlo. Siempre lo hacía.

Aunque disfrutaba enseñando, la música seguía siendo el primer amor de Daniel y estaba comprometido con su carrera como artista, compositor y productor. Cada día, cuando el reloj marcaba las tres en punto, inmediatamente cambiaba de modo de Mr. Farris a D Smoke. A pesar del éxito del estudio, construir su catálogo y su base de fans era un trabajo duro.

LA SEGUNDA OPORTUNIDAD

Hasta que cumplí nueve años, mi vida era perfecta. Tenía dos padres perfectos, dos hermanos muy geniales y un pastor alemán llamado Buddy. Todos vivíamos en una hermosa casa en la ciudad de Inglewood, California. Pero esa vida perfecta terminó cuando mis padres se divorciaron. Durante los siguientes diez años, lo que anhelé más que nada en el mundo fue que mis padres volvieran a estar juntos. El sueño de ser una familia de nuevo no terminó hasta que mi padre murió. Pero el anhelo de la integridad de la familia era algo que aún llevaba conmigo, incluso más allá de mi propio divorcio.

Habían pasado seis años y Ronald no solo había recuperado su vida, sino que también estaba prosperando. Trabajaba a tiempo completo como consejero en la Casa Bimini donde originalmente vivió como cliente y también asistía a la escuela a tiempo completo. Nuestra amistad había florecido en algo que nunca antes habíamos experimentado, y pasábamos cada vez más tiempo juntos. Era como si nuestros hijos fueran el centro de gravedad que nos seguía atrayendo el uno al otro.

En julio de 2015, él estaba planeando un viaje a Jamaica para celebrar su sexagésimo cumpleaños y me invitó a ir con él. Le recordé que todavía éramos solo amigos y que si aceptaba ir, dormiríamos separados.

"No tengo problema con eso. Sé que somos amigos y no puedo pensar en alguien más con quien quisiera pasar mi cumpleaños. Prometo mantener mis manos quietas", prometió. Le creí y acepté ir en el viaje. Era un resort todo incluido y teníamos una suite con una piscina privada y una vista al mar. Nadamos en la piscina, nos relajamos en el jacuzzi, fuimos en una excursión en bote y de snorkeling, montamos caballos en la playa e incluso nadé con los delfines. Cantamos en el bar de karaoke y cenamos en cada uno de los restaurantes de cinco estrellas. Lo pasamos increíble juntos y tal como prometió, fue un perfecto caballero.

El día antes del último día en Jamaica, Ronald quería ir a hacer tirolesa y yo solo quería estar en la playa. Él sabía que necesitaba tiempo a solas, así que no trató de presionarme para que fuera. Durante todo el tiempo que estuvimos allí, Ronald no mencionó la palabra matrimonio, pero era un tema implícito. Habíamos pasado veinticinco años turbulentos, maravillosos, milagrosos, desafiantes y hermosos juntos. Y los seis años que pasamos separados fueron igualmente desafiantes. Fue durante ese tiempo que aprendí que el hermoso césped verde del otro lado de la cerca era en realidad césped artificial y que mi propio jardín solo podía ser saludable y hermoso si lo cultivaba.

Con mi traje de baño de dos piezas y mi sarong tropical, me recosté en la silla acolchada en la cabaña privada y escuché los sonidos del océano. Con cada ola, me abrumaba el pensamiento de que quería a mi esposo de vuelta. Ni siquiera estaba segura de dónde venía ese pensamiento. Posiblemente por el deseo innato de ser una familia nuevamente, como resultado del divorcio de mis padres. O tal vez porque creía que nadie me amaría como lo hizo Ronald. A pesar de sus fallas, fracasos y luchas, Ronald era un hombre bueno con un corazón noble. Era un padre increíble y estaba segura de que daría su vida por mí. Así que, inmediatamente después de regresar a casa, comenzamos a idear un plan. No habría fanfarria, no habría anuncio público y no habría boda en la iglesia. Simplemente queríamos reconectar lo que había sido cortado.

~

Cada jueves por la noche después de mi ensayo de coro, me dirigía al estudio Woodworks, que estaba ubicado a menos de una milla de la iglesia. Asombrada por lo mucho que habían crecido musicalmente, disfrutaba viendo a mis hijos hacer sus cosas. Las multitudes siempre se derramaban fuera de la puerta e incluso por la calle. Bass & Treble se había convertido en un evento importante en la ciudad de Inglewood y mis bebés estaban en el centro de todo. El estudio Woodworks era el lugar donde sucedía la magia cada semana. También era el lugar donde Daniel, Darryl y Kelly dormían cada noche.

Durante los primeros diez años después de graduarse de la escuela secundaria, Davion, Daniel y Sir Darryl estuvieron trabajando duro para lograr su meta de una carrera exitosa en la música, a menudo sacrificando la estabilidad de un trabajo con un salario regular y beneficios para perseguir su sueño. Renunciaron a lujos básicos, como una cocina y una ducha caliente en su hogar. Pasaron innumerables horas en el estudio creando y desarrollando su sonido único. Actuaban dondequiera que los invitaran, la mayoría de las veces sin paga para poder construir una base de seguidores y consolidar su marca. Cuando trabajaban en trabajos que no tenían nada que ver con la música, es seguro decir que la mayoría de su salario se convirtió en dinero de inversión para financiar sus sueños.

Los chicos firmaron con DreamWorks Records en 1995. Ahora, veinte años después, Sir Darryl volvió a firmar con un sello, esta vez como artista solista. Su primer lanzamiento, *"Seven Sundays"*, ganó una cantidad decente de tracción y logró llamar la atención de *Top Dawg Entertainment*. Luego lanzó *"Her & Her Too"* en 2016. Cada registro contenía algunas canciones destacadas, como *"Queen"*, *"Ooh Nah Nah"* y *"Westside Boi"*. Desde que era pequeño, Sir siempre fue el más relajado de sus hermanos, y tener un contrato discográfico no cambió eso. Mientras hacía shows, grababa videos y promocionaba su marca, mantuvo su trabajo en el Guitar Center hasta que se estableció como artista y estaba seguro de que la música lo cuidaría a él y a su familia.

Fue el lanzamiento de "November" de Sir en 2017 lo que comenzó a llevarlo al frente del mundo de la música.

¿Quién es ese negro si no soy yo? Si no es una fiesta, entonces está a punto de serlo. Nunca he tenido un problema que no pudiera resolver. Debe ser oficial si me involucro. Un cuarto de libra de fuego quemando diariamente. Más difícil de recordar, cada vez más difícil de recordar. He pasado por suficiente para volverme loco. No creo que mi mamá vaya a salvarme. Tal vez no estoy volando, pero estoy flotando. Si no vamos hacia la cima, ¿a dónde vamos? Dos millas por hora, ¿puedes

imaginarme rodando? Porque la vida es mucho mejor cuando vives en cámara lenta. Un cigarrillo al día mantiene alejado al diablo, porque un cigarrillo al día mantiene alejado al diablo.

Muestreado en docenas de canciones por varios artistas diferentes, este conocido canto caribeño de un joven artista llamado Billy Boyo captó la atención de los oyentes de Sir en una canción titulada *D'Evil*. El video de esta canción fue grabado en Jamaica y atrajo más de 12 millones de vistas. Inmediatamente después de su lanzamiento, TDE llevó a sus artistas en la Gira del Campeonato de 2017.

Tour de 2017 incluyó a todos los artistas de TDE, incluyendo a Kendrick Lamar, SZA, Schoolboy Q, Jay Rock, Ab-Soul, Lance Skiiiwalker, y SIR. Se llamó "Championship" debido al tema deportivo. Cada artista representó a un jugador estrella de diferentes deportes, y Sir fue representado como el jugador de béisbol. Top, la "T" en TDE, se esforzó al máximo con esta gira, incluso grabando comerciales para promocionarla. Comenzó en Vancouver el 4 de mayo y terminó en Burgettstown, Pennsylvania, el 16 de junio de 2017. El día más emocionante de la gira para mí y mi familia fue el 15 de mayo, cuando se presentaron en la ciudad de Inglewood en el Great Western Forum.

Durante quince años había estado conduciendo por el Forum y tomando una ruta diferente para evitar el tráfico en los días en que se programaba la presentación de un artista importante allí. Les enseñé a conducir a mis hijos en el estacionamiento y asistí a un concierto de Prince allí. Hogar del equipo de baloncesto de Los Angeles Lakers de 1967 a 1999, el Forum era un lugar emblemático con capacidad para más de diecisiete mil personas. Su escenario había sido compartido con artistas como Jackson 5, Stevie Wonder, Barbra Streisand, Bob

Dylan, Kiss, Paul McCartney, Bee Gees, Parliament Funkadelic, Alice Cooper, Fleetwood Mac, Jimi Hendrix, Led Zeppelin, Elvis Presley y muchos otros. Mi emoción era indescriptible cuando pasé por el Forum camino a la iglesia y vi varios banners gigantes como camisetas deportivas colgando en la pared exterior, cada uno con el nombre de los artistas en la parte superior y un número en el medio. El de Sir era el número 7.

El día antes del concierto, Davion y yo hicimos un viaje especial al Forum solo para echar un buen vistazo al anuncio de cuarenta pies con el nombre de Sir en él. Ambos estábamos tan orgullosos que nos tomamos selfies y videos frente a él. El día del concierto fue aún más emocionante. Sir hizo arreglos especiales para sus padres y hermanos. Daniel, Ron Ron, su esposa Shavonne, Davion, Ronald y yo nos encontramos en el estacionamiento cerca del mostrador de will-call para recoger nuestros boletos y pases de backstage. Y aunque Kendrick Lamar y SZA eran los principales cabezas de cartel, la presentación de Sir fue impecable. Tan pronto como la multitud escuchó el familiar canto caribeño, *One spliff-a-day a keep de evil away-a*, todos comenzaron a cantar. ¡La sensación fue surrealista!

Pero esto fue solo el comienzo. Al año siguiente, Sir lanzaría otro proyecto titulado Chasing Summer, en el que presentó a Kendrick Lamar, quien ahora estaba en la cima del juego del rap.

"baby no estoy tratando de dejar mi cabello suelto. Chica, solo estoy tratando de dejar mi cabello suelto. Todos están mirando, ahora estoy consciente. No puedo encontrar una razón para preocuparme ahora. Chica, solo estoy tratando de dejar mi . . . si me quito el abrigo, ¿prometerías quedarte? Si te doy mi corazón, ¿lo tirarías a la

basura? ¿Quieres decir lo que dices cuando me dices que me amas? ¿Realmente lo haces? ¿Realmente lo haces?"

Hair Down se convirtió en un gran éxito, vendiendo más de quinientas mil copias y recibiendo más de treinta y tres millones de visitas en YouTube. Sabía que Sir Darryl era brillante, sabía que hacía buena música, pero no tenía idea del grado en que había desarrollado su don. Desde que era un niño pequeño y se empeñaba en ir en una dirección diferente a la de sus hermanos, quería que el pequeño Sir sintiera la misma pasión por la música que yo. Siempre obedecía cuando le pedía que cantara, pero nunca parecía estar disfrutando realmente. No fue hasta después de que se graduó de la escuela secundaria que empecé a ver su verdadero potencial musical.

El más relajado de sus hermanos, Sir nunca se acercó a mí y dijo "Mamá, ¿adivina qué?" Un día simplemente levanté la vista y allí estaba su rostro en un enorme cartel en Times Square. Estaba en una tienda o sentada en un restaurante, y escuchaba la voz de mi hijo en la radio. La gente cantaba o bailaba ligeramente. Parecía que mi bebé era más popular de lo que me había dado cuenta. Encontré la mayor alegría en ver a Sir enamorarse profundamente de la música y abrirse paso en su propio camino único.

EL NOVO

En noviembre de 2019, Sir Darryl me llamó y me dijo que quería que cantara en uno de sus conciertos.

"¿Quieres que cante en el coro?" pregunté.

"No. Quiero que cantes un solo." Inmediatamente me sentí nerviosa.

"¿Qué quieres que cante?"

"Eso depende de ti. Puedes cantar lo que quieras. Podría ser gospel, algo que hayas escrito quizás. No me importa, depende de ti."

Pasé más de veinte años cantando detrás de diferentes artistas. Había viajado por todo el mundo y había estado en escenarios frente a miles de personas. También estaba acostumbrada a liderar la adoración los domingos y a cantar solos cada semana. Pero actuar frente a una multitud de jóvenes fans del hip-hop no era algo que me hubiera imaginado hacer, especialmente a mi edad. Pero se me presentó un desafío, y estaba preparada para enfrentarlo de frente.

"¡Quiero que te sientes al teclado y hagas lo que haces" Darryl dijo con una sonrisa. Su confianza en mí fue suficiente para aumentar la mía. Ahora solo tenía que encontrar la canción perfecta. Quería ser fiel a mí misma, pero al mismo tiempo, cantar algo familiar para el público. Sabía que no era una multitud "gospel", y la mayoría de ellos no estaría familiarizada con mi música, así que elegí uno de mis favoritos de antaño.

"Puedes llegar a mí en tren. Puedes llegar a mí en carretera. Puedes llegar a mí en avión, puedes llegar a mí con tu mente. Puedes llegar a mí en caravana. Cruzar el desierto como un hombre árabe. No me importa cómo llegues aquí, solo llega si puedes".

Esta canción se había convertido en parte de mi vida cuando Ronald estaba encerrado. Cuando salió por primera vez, no solo me enamoré de la voz de Oleta Adams, sino que también conecté con la letra porque quería que mi esposo volviera a casa. Así que esta era una actuación en la que podría entregarme con todo mi corazón y alma.

El día del concierto estaba nerviosa. Quería hacer sentir orgulloso a mi hijo y, por supuesto, no avergonzarme frente a las más de dos mil personas que habían venido a verlo. También había invitado a algunos de los artistas presentados en su disco para que actuaran esa noche, así como a sus hermanos, Davion y Daniel, por lo que sentía la presión de ser genial. Pasé varias horas tratando de encontrar el atuendo adecuado y aún más horas en el piano practicando exactamente qué notas cantar y tocar, para poder lucir y sonar lo mejor posible.

En camino al lugar del evento, estaba completamente abrumada por el miedo. Ni siquiera entendía el nivel de nerviosismo que estaba experimentando, así que comencé a hablar conmigo misma.

"¡Jackie, TÚ PUEDES! Llevas haciendo esto durante más de treinta y cinco años. Eres una profesional. Sabes qué hacer. ¡Simplemente sal ahí, siéntate frente al teclado y sé TÚ! ¡Vas a ser genial!"

Hubo un espacio de cuatro horas entre la prueba de sonido y la presentación, en el que repetí esas palabras al menos mil veces hasta que el miedo desapareció. Cuando llegó el momento de que yo cantara, Sir ordenó la atención incondicional de la audiencia y simplemente dijo: "¡Mira esto!"

Se sentó en el suelo del escenario junto a mi teclado mientras yo tocaba y cantaba, mirándome como lo había hecho cuando era un niño pequeño. Pude ver el amor en sus ojos mientras ejecutaba con confianza lo que había estado preparando durante toda mi vida.

Y cuando todo terminó, la respuesta me dejó saber que había logrado exactamente lo que me propuse hacer, hacer sentir orgulloso a mi hijo.

Mientras la carrera de Sir Darryl despegaba, la de Daniel se encontraba en la pista de despegue. Con más de 20 años de experiencia en el mundo de la música, entendía que no podía lograr sus objetivos y alcanzar su destino deseado solo. Ya había establecido relaciones con algunas mentes jóvenes y brillantes que había conocido mientras asistía a la universidad, así que comenzó a armar su equipo. Greg era un estudiante de segundo año cuando Daniel llegó a la UCLA y lo ayudó a mudarse a los dormitorios para su programa de verano de primer año. Después de graduarse de la UCLA, Greg ayudó a estudiantes locales de zonas urbanas a ingresar a muchas de las mejores universidades del país antes de asistir a la Facultad de Derecho de la Universidad Howard. Greg y "Smoke" desarrollaron una amistad que eventualmente floreció en una asociación comercial.

Daniel conoció a DJ Shanxx en uno de sus eventos de Bass & Treble. Shanxx se convirtió en un asistente habitual y hablaban con frecuencia. Les quedó claro que eventualmente trabajarían juntos. Daniel respetaba la capacidad de Shanxx para navegar en el negocio, y la experiencia de Greg en asuntos legales.

Daniel había estado jugando con la idea de incorporar el español en su música. Ahora que era fluido en español, decidió que enseñar no sería el único beneficio de ser bilingüe. Probó sus habilidades de rap en español frente a una audiencia por primera vez en el Whiskey a Go Go cuando abrió para Kendrick Lamar.

Si me entiendes, te lo digo. Andar en mi zona es como suicidarse. Mis palabras son afiladas como el vidrio. Soy el caliente y tú eres sólo tibia. ¡Birria!

¡La multitud enloqueció! En ese momento, quedó claro para Daniel que había encontrado algo especial, y decidió seguir adelante con ello. Comenzó a escribir una serie de versos en español para perfeccionar sus habilidades. Daniel y su equipo idearon un plan para promover aún más su marca. Cada semana, durante diecisiete semanas consecutivas, lanzó un breve video musical en el que utilizó sus habilidades lingüísticas para rapear tanto en inglés como en español, con la traducción en la parte inferior de la pantalla. Llamó a la serie *"Run the Subtitles"*. Esta serie de videos llamó la atención de personalidades como Jill Scott, Tyrese y DJ Battlecat, quienes los compartieron con una audiencia mucho más amplia. La palabra de este talentoso rapero bilingüe comenzó a difundirse hasta que llegó a los productores de un nuevo programa. Recibí una llamada de Daniel con noticias emocionantes.

RHYTHM & FLOW

"Oye mamá, me presentaron una oportunidad de estar en un show de competencia de rap. Estoy pensando en hacerlo, solo que no me gustan las competencias. Pero es en Netflix . . . ¿qué piensas?" Mi primer pensamiento fue decirle que no lo hiciera. A mí tampoco me gustan las competencias. Pero cuando mencionó que era en Netflix, empecé a pensar que podría ser algo bueno . . . muy bueno.

"¿Netflix? ¡Cuéntame más!"

"Los jueces son Chance the Rapper, Cardi B y T.I." Cuanto más me contaba, mejor sonaba.

"¡Wow!" Ya tenía una muy alta opinión de los jueces. No puedo decir que soy fan de muchos artistas de Hip Hop o R&B actuales, pero he sido fan de T.I. desde 2012 cuando lanzó su CD *Paper Trail*. Escapaba del dolor de mi divorcio con *Live Your Life, Whatever You Like* y *My Life, Your Entertainment* sonando en mis audífonos mientras corría por el parque Kenneth Hahn. Mi nivel de respeto subió aún más cuando comencé a ver su rostro en películas y televisión. Sabía que T.I. era alguien que tomaba decisiones sabias en la industria del entretenimiento, y saber que era parte de este programa me dio una sensación de confianza en lo que podría ofrecerle a Daniel. Aunque no era fan de la música de Cardi B, sí tenía respeto por su trayectoria. También admiraba el ascenso independiente de Chance the Rapper a la fama. Así que mi consejo para Daniel fue: "Creo que deberías hacerlo".

Expresó su preocupación de que fuera un programa de "reality TV" y tenía el potencial de pintarlo de manera diferente. Pero cuando le dijeron que solo podían usar lo que él les diera, aceptó participar. Tomó la decisión consciente de limitar su tiempo frente a la cámara a sus actuaciones y entrevistas. Esto lo mantendría alejado de proporcionarles material barato para los tabloides. En las ediciones finales del programa, ni siquiera se ve su cara hasta justo antes de su actuación.

Su estrategia incluía mantenerse alejado de interacciones triviales. Después de audicionar para los productores y ser oficialmente aceptado como concursante, Daniel estaba emocionado de descubrir que, además de Cardi, Chance y T.I., Snoop Dogg iba a ser juez invitado en las audiciones de Los Ángeles. La grabación se llevó a cabo en un club en West Hollywood, e invitó a su padre y a mí a asistir. Ronald no pudo asistir porque tenía que trabajar, pero no había nada que me impidiera estar allí. Recibí un correo electrónico con la dirección, el pase de estacionamiento y la hora de llegada. Nos dijeron que estuviéramos allí a la 1:00 p.m. y que la grabación estaba programada para comenzar a las 3:00 p.m. Ser puntual es parte de mi naturaleza, así que llegué al estacionamiento a las 12:45 p.m. Estaba a unas cuadras de distancia y nos proporcionaron un transporte hasta el lugar.

Tomó un poco más de una hora para que abrieran las puertas, por lo que eran alrededor de las 2:30 p.m. cuando pude entrar y encontrar un asiento. La mayoría de la audiencia se paró alrededor del escenario, pero elegí sentarme en la parte trasera hasta que fuera el momento de la actuación de Daniel. Los jueces llegaron una hora después y finalmente comenzó la competencia.

El primer concursante fue presentado, y salió corriendo al escenario, interactuando con la multitud todo el tiempo.

"Levanta tus manos malditas sea". Mi primer pensamiento fue "oh Dios . . . aquí vamos". Luego uno por uno, los artistas subían al escenario y trataban de animar a la multitud.

"¡Ay yo yo yo, haz un poco de ruido maldita sea!"

"¿QUÉ P**AS ESTÁ PASANDO L.A.? ¿QUÉ P**AS ESTÁ PASANDO? ¡AAAAAHHHHHH!"

Probablemente escuché esa palabra más veces durante el show de las que había escuchado en los últimos seis meses. Pero eso no fue lo difícil. Cuando el programa finalmente se transmitió, la mayoría de los concursantes habían sido editados. Solo pudimos ver las caras de alrededor de doce de los treinta que audicionaron.

Solo unos pocos lograron pasar a la siguiente ronda. Me entristeció ver cómo los jueces aplastaban un sueño tras otro, pero era necesario. La mayoría tenía sueños imposibles y alguien tenía que ponerlos de nuevo en el camino de la realidad. Siempre he dicho que, si mis hijos no tuvieran un talento natural, no habría fomentado su búsqueda de la música. Les habría sugerido fuertemente que se convirtieran en ingenieros o abogados o algo así, pero estaba claro que su talento era innegable en los primeros cinco años de sus vidas.

Por mucho que quisiera salir del club y tomar un descanso hasta que fuera el turno de Daniel, no había forma de saber si era el siguiente hasta que llamaran su nombre. Había treinta concursantes, y Daniel era el número veintiocho. Así que tuve que sentarme y ver todas las actuaciones del espectáculo.

Fue bastante refrescante para mí cuando DJ Head finalmente dijo las palabras: "¡Muy bien, L.A., siguiente al escenario . . . D Smoke!" A diferencia de todos los demás concursantes, Daniel caminó al escenario y saludó calmadamente al público y a los jueces.

"¿Qué tal, qué tal? ¿Cómo están todos?" No corrió, no gritó, no trató de entusiasmar a la multitud antes de su actuación, dejó que su talento los entusiasmara. Estaba allí para presentarse de la manera más profesional posible. A pesar de las instrucciones de los productores, se negó a permitir que alguien lo obligara a hacer algo que no le saliera naturalmente. Nunca ha sido de seguir a las multitudes o de ceder a la presión de los compañeros, ni tampoco tuvo problemas para discrepar con las figuras de autoridad, así que hizo lo que creyó mejor.

Había estado sentada a un lado, cerca de la parte trasera del edificio, donde apenas podía ver más allá del público hasta el escenario. Más importante aún, tenía una vista clara del lateral del escenario donde cada artista esperaba su turno. Tan pronto como vi a Daniel acercarse al escenario, me abrí paso hasta la parte delantera. Me paré a solo unos pocos pies de los jueces, a la derecha de Snoop, observando su reacción todo el tiempo.

"Listen, if your throat is clear and your lungs open and it's Smoke that you need, one, two. He got hopes, fears, and he young focused, if he pull the thang boy gon' shoot! Went from broke years with the trunk open sellin' tapes like what we gon' do! But in four years he graduated with his B.A., now whatever he say translate."

"Escucha, si tu garganta está clara y tus pulmones abiertos y necesitas Smoke, uno, dos. Él tiene esperanzas, miedos y está joven enfocado, si saca el arma, el disparará. Pasó de años de pobreza con el maletero abierto vendiendo cintas como ¿qué vamos a hacer? ¡Pero en cuatro años se graduó con su licenciatura, ahora lo que diga, tradúcelo!"

Me resultó gracioso cuando vi el programa varios meses después de su emisión y me di cuenta de que habían editado gran parte de lo que realmente sucedió ese día. También cortaron al menos la mitad de los aplausos del público después de la actuación de Daniel, así como la mayoría de las reacciones de los jueces.

"Entonces, D Smoke", dijo T.I. mientras miraba la tarjeta que describía a Daniel. "¿Qué haces para ganarte la vida?" "Soy profesor", respondió él. "¿Qué enseñas?" Quería saber más.

"Enseño español y producción musical en la escuela secundaria", dijo Daniel. Entonces, Chance The Rapper tomó la palabra. "Tiene sentido para mí que seas profesor. Pude sentir la vibra de mentoría en tu presentación". Todos quedaron asombrados por su talento y energía, y querían saber más. "Aquí dice que tocas piano clásico", dijo T.I. mientras miraba la tarjeta en su mano. "Así es", respondió Daniel. Continuó: "Me pareció increíblemente diferente que incorporaras el español en tu arte. Como ejecutivo, eso me muestra otra corriente de ingresos, ¿sabes a lo que me refiero?" La multitud respondió con vítores y risas. Ahora era el turno de Cardi. "Realmente me impresionaste. Porque cuando te vi por primera vez, parecía que ibas a fregar algunos pisos". Todos parecían divertidos con su comentario, pero ella continuó elogiándolo, especialmente por su uso del español, e incluso sugirió que podría escribir para ella. El momento más intrigante de la noche ocurrió cuando le tocó el turno a Snoop de hablar. Estaba parado a unos seis pies de distancia de él y pude sentir la energía mientras hablaba. Se inclinó hacia atrás en su silla, cruzó su tobillo sobre su rodilla y enfrentó a Daniel. "D Smoke, ¿de dónde eres, amigo?" Su tono era serio. "Soy de Inglewood", respondió Daniel con certeza y confianza. "No, ¿de dónde eres, amigo?" Preguntó nuevamente, esta vez con una vibra casi amenazante. La audiencia no estaba segura de lo que estaba sucediendo, pero Daniel entendió exactamente lo que Snoop estaba haciendo. Era un desafío familiar que él y sus hermanos enfrentaban a menudo mientras crecían en Inglewood. Sabía que era muy real, así que respondió con las mismas palabras.

"Soy de Inglewood". Después de decirlo por segunda vez, excepto por algunas risas, todos en la habitación se quedaron congelados como si no hubiera cámaras, jueces ni audiencia, solo dos guerreros en una confrontación intensa. Después de un momento, Snoop levantó sus gafas de sol y miró a Daniel a los ojos, sonriendo como si diera su aprobación. Daniel respondió con una sonrisa y la cabeza aún en alto. La multitud exhaló con risas justo antes de que Snoop explicara su gesto y reconociera la brillantez de Daniel.

"Sabes que tenía que preguntarte, ya sabes. Solo porque quería ver si habías roto las cadenas. Los negros te sudan y te revisan y te preguntan de dónde eres . . . tratando de hacerte volver a ese mundo negativo, y veo que no me permitiste hacerlo."

"Punto," respondió Daniel, con seguridad y fuerza. Después de algunos cumplidos más de Snoop, el testigo regresó a T.I., y sus palabras no fueron sorprendentes para mí ni para nadie más en la habitación.

"Sí, hombre, esto es un camino fácil. Quiero verte en el siguiente nivel de la competencia."

Daniel salió del escenario mientras la audiencia seguía animándolo. Me dirigí hacia la parte trasera para poder ver a mi hijo antes de irme a casa. A todos los concursantes solo se les permitía salir del vestuario cuando era su turno de actuar y se apresuraban de inmediato a volver, por lo que ninguno de ellos pudo ver a sus competidores. No podía esperar para decirle a Daniel lo brillante que había sido. Nuestra conversación fue breve mientras el encargado del escenario lo apresuraba de regreso al vestuario para prepararse para la presentación de Old Man Saxon.

"¡¡¡Mi amor!!! ¡Lo hiciste genial!" dije mientras me acercaba para darle un gran abrazo. "¿Lo hice bien?" preguntó con una sonrisa.

"Y Daniel, después de lo que acabo de ver, ¡lo tienes! ¡Creo que puedes ganar todo!"

"Ahora mismo solo estoy enfocado en superar el siguiente nivel".

En la segunda fase del programa, los concursantes se dividieron en grupos de cinco y cada grupo actuó como un equipo. Lo llamaron el Cypher. Una vez más, Daniel se destacó entre sus compañeros y avanzó sin problemas a la fase de batalla de rap de la competencia. Al final de cada programa, Daniel me llamó para contarme cómo le había ido.

"Lo logré, mamá", dijo como si estuviera aliviado.

"Siempre supe que lo lograrías, cariño". Aunque no pude asistir a todas las grabaciones, nunca dudé ni por un momento que Dan pasaría cada ronda. Después de superar la ronda del Cypher, Daniel estaba listo para enfrentarse a Old Man Saxon. No estaba emocionado por ello porque, a pesar de la camaradería que habían empezado a desarrollar, sabía que uno de ellos se iría a casa esa noche. Esto fue un problema mayor de lo que ambos se dieron cuenta, porque al final de su batalla, los jueces estaban en una situación completamente difícil. Cuando se alejaron para deliberar, tardaron más de veinte minutos tratando de encontrar una manera de mantenerlos a ambos en el programa. Incluso llamaron a los abogados para ver si podían evitar las reglas establecidas, pero sin éxito.

"¡Los jueces decidieron ir con . . . D SMOKE!" Esta fue la primera vez en el proceso en que hubo alguna duda de que avanzaría al siguiente nivel. No podía esperar para llamarme y darme la buena noticia.

"Mamá, ¡lo logré!" Podía sentir el sentido de alivio en su voz.

"Me siento un poco mal por Ol' Man Saxon. ¡Estoy contento de que no haya ido en la otra dirección! ¡Y estoy aún más emocionado por la próxima ronda! ¡Podemos hacer nuestro propio video musical, y nos han dado un presupuesto bastante decente para hacerlo!"

"¿Así que tienes que escribir una nueva canción y grabar un video en una semana?"

"¡Sí! Pero puedo manejarlo. Ya tengo la visión para ello, y estoy trabajando con un director increíble. ¡Va a ser ÉPICO!"

La alegría de ver el progreso de Daniel en la competencia me impidió ser consumida por los problemas en mi relación con Ronald. Nos habíamos reunido sin consideración por la profundidad de nuestros problemas originales, y comencé a luchar tan pronto como la emoción de tener un nuevo hogar empezó a desvanecerse.

Ronald no estaba al tanto de muchas de mis luchas porque eran principalmente internas e inconfesadas. La ira y el resentimiento que habían sido cuidadosamente ocultados en los primeros años de nuestro matrimonio no desaparecieron cuando nos divorciamos. De hecho, se asentaron aún más profundamente.

Durante tres años traté de fingir que todo estaba bien, suprimiendo silenciosamente mis emociones intensas y andando con pies de plomo alrededor de Ronald para proteger sus sentimientos. Empecé a sentir que me ahogaba y no podía soportarlo ni un día más. Así que empaque mis cosas y me mudé. No necesariamente quería un divorcio, solo necesitaba espacio. Pero Ronald no lo aceptaba. Inmediatamente presentó una demanda de divorcio y puso la casa en venta.

"Hay algo en el agua, algo anda mal. Algo no se siente bien, algo está sucediendo, pero somos fuertes".

En la filmación de su video, Daniel está en el techo de nuestra casa mientras estaba en el mercado. Ya no vivía en la casa con Ronald, y él estaba lidiando con haber sido tomado por sorpresa por mi decisión de mudarme. El éxito de Daniel fue el lado positivo de la oscura nube de nuestro segundo divorcio. La canción que escribió fue brillante y el video fue increíble. ¡A los jueces les encantó!

~

Cuando Daniel me llamó para contarme sobre la siguiente ronda de la competencia, su emoción era contagiosa.

"¡Mamá! Ahora tenemos que escribir una canción utilizando una muestra famosa. Voy a usar *Atomic Dog*, ¡pero la voy a transformar y cortar a la mitad!" Daniel parecía especialmente emocionado por este desafío, pero no volví a saber de él hasta después de la grabación del programa. Había estado ocupado trabajando en su canción y preparándose para su próxima actuación. Tan pronto como terminó, me llamó para contarme cómo fue.

"Mamá . . ." Pude decir por su tono que algo estaba mal.

"¡Me quedé en blanco! ¡Olvidé la letra!" Mi primer pensamiento fue que todo había terminado, y que no había pasado a la siguiente ronda. Estaba a punto de darle el discurso de "Todavía eres un ganador", y entonces él continuó.

"Pero aún así me amaron! Dijeron que fue la mejor canción de la noche, a pesar de que cometí un error y olvidé la letra. Y cuando digo que cometí un error, ¡quiero decir que cometí un GRAN ERROR! Olvidé todo el segundo verso, pero hice una buena recuperación."Podía sentir su dolor. Como artista, la peor sensación del mundo es cuando fallas frente a una audiencia. Es una combinación de vergüenza, ansiedad y estrés al mismo tiempo. Pero yo nunca lo había hecho a ese nivel, así que sólo podía imaginar lo que él debía estar pasando. Estoy segura de que el alivio que sentí cuando me contó lo que pasó no se comparaba en nada con el suyo.

Mientras Daniel se preparaba para la siguiente ronda de la competición, yo estaba ocupada estableciéndome en mi nuevo apartamento y trabajando en mis estudios. Estaba en el último año de mi programa de Maestría en Divinidad en la Universidad de Azusa Pacific, lo cual fue una bendición en muchos sentidos. No sólo me dio algo productivo en lo que enfocarme, sino que también me permitió lograr mi objetivo de toda la vida de completar mi educación. Cuando me inscribí en el programa por primera vez, no tenía idea de cuánto cambiaría mi vida como resultado. Además de estudiar la Biblia, había muchos cursos basados en fuentes que complementaban o contradecían la Biblia. Esto nos permitió obtener una comprensión más amplia de diferentes perspectivas mundiales, pero eso era sólo el comienzo.

Uno de los cursos requeridos en el último semestre fue Consejería Pastoral. Mi primera impresión, basada en el título, era que iba a aprender a aconsejar a otras personas. Pero eso no era en absoluto de lo que trataba esta clase. El propósito de esta clase era llevar a cada estudiante a través de un riguroso curso de introspección y autoexamen. Fuimos guiados a través del proceso de encontrar nuestros propios lugares rotos e iniciar la curación, para asegurarnos de que éramos lo suficientemente saludables espiritual y emocionalmente para aconsejar a alguien más. Fue como un semestre de terapia grupal, y fue intenso.

Fui obligada a pararme frente a un espejo y observarme a detalle. Conforté a la niña que había sido abusada, confronté a la adolescente que se había vuelto promiscua como resultado, felicité a la joven que había vencido la adicción y enfrenté el dolor de la joven que había estado sola durante siete años criando a tres niños pequeños. Durante este curso, me di cuenta de que había pasado la mayor parte de mi vida en un estado de agitación interna suprimida. Un día, cuando fui a la casa a recoger algunas de mis cosas, discutí con Ronald. Algo que dijo me molestó muchísimo, y por primera vez en mis cincuenta y cinco años, dije mi verdad sin preocuparme por los sentimientos de otra persona. Dije todo lo que estaba en mi mente, sin retener nada. Fue como si todo el dolor que me había causado saliera del lugar donde había estado enterrado, a través de mis venas, a mis pulmones, y saliera de mi boca.

Sentí como si estuviera teniendo una experiencia fuera de mi cuerpo mientras estaba sobre él, sollozando y gritando con todas mis fuerzas. En un acceso de rabia, cogí la bandeja que estaba frente a él y la golpeé, tirando los libros y papeles que había encima, mientras lo insultaba y le regañaba verbalmente por haberme dejado para ser una madre soltera. Sabía que habían pasado más de quince años desde que salió de la prisión, pero el dolor se sentía fresco. Afortunadamente para mí, Ronald solo se quedó sentado en silencio y me dejó sacar todo de mi sistema. Ninguno de los dos esperábamos la explosión que tuvo lugar ese día. Y, después de que terminó, ninguno de los dos sabía qué decir o hacer. Así que, simplemente salí por la puerta principal y volví a mi apartamento.

Tan pronto como me alejé, me volví a desmoronar. Las lágrimas que había contenido durante quince años empezaron a salir y lloré desde el momento en que entré a la autopista 105 en Vermont, hasta que llegué a mi garaje en Paramount Boulevard unos veinte minutos después. Permitirme la libertad de expresar mis sentimientos por completo fue extremadamente catártico y un peso se había levantado. Esa noche, dormí como un bebé.

Ronald y yo no volvimos a hablar hasta que recibimos una llamada de Daniel.

"Oye, mamá, necesito que todos ustedes estén en casa mañana. Quieren grabar algunas imágenes de la familia juntos", continuó dándonos detalles específicos.

"Quieren vernos alrededor del piano y tal vez mirando algunas fotos familiares. ¿Podrías llamar a todos y decirles que estén allí a las 3:00?", Daniel siempre confiaba en mí para reunir las cosas.

"¡Por supuesto! Nos vemos mañana", respondí. Aunque estábamos pasando por momentos difíciles, reunirnos como familia para algo tan emocionante hacía sentir como si todo estuviera bien en el mundo. Al día siguiente, Ronald y yo pudimos dejar de lado nuestras diferencias y simplemente disfrutar del momento. Fuimos al garaje y sacamos la caja que contenía algunos de nuestros recuerdos más preciados. Aunque seguíamos las instrucciones del productor, se sentía natural. Sentarnos alrededor del piano y cantar juntos era algo habitual y mirar fotos antiguas de mis tres pequeños me recordaba lo lejos que habíamos llegado. Aunque la casa estaba en venta y los muebles en los que nos sentábamos estaban solo puestos en escena, durante una hora o así, todavía parecía como en casa. La tensión entre nosotros siempre parecía desaparecer cuando estábamos con nuestros hijos. Verlos prosperar nos daba la mayor alegría de nuestras vidas.

～

Unos días después, llegó el momento de la última etapa de la competición y todos fuimos invitados. Ronald, Ron Ron, Davion, Sir Darryl y yo llegamos al lugar y fuimos escoltados a una zona de espera designada para los cuatro finalistas y sus familias. Daniel nos presentó a London B, Troyman, Flawless Real Talk y a sus seres queridos. Todos nos saludamos cordialmente y nadie habló de la tensión subyacente en el ambiente. Sin embargo, todos éramos conscientes de que la noche terminaría en decepción para tres de los cuatro raperos.

Cada uno de ellos tenía cuarenta y cinco minutos para el ensayo y la prueba de sonido. Los productores pidieron a los miembros de la familia que estuvieran en el estudio durante este tiempo para el bloqueo de cámaras, así que tuvimos la oportunidad de ver la actuación de Daniel.

Yo sabía mejor que nadie sobre el brillante talento de Daniel. Durante más de treinta años, tuve un asiento en primera fila para presenciar su diligencia y compromiso con la excelencia. Lo vi practicar el piano durante horas mientras obtenía calificaciones perfectas. Conocía bien a mi hijo y esperaba algo grandioso. Pero incluso yo quedé impresionada por lo que hizo en ese escenario. Tan pronto como lo vi sentarse al piano, imaginé a mi hijo de siete años tocando *"The Spinning Song"* frente a la congregación de la iglesia y recordé el orgullo que sentía como su madre y profesora de piano. Lo que sentí en ese momento superó con creces el orgullo. La habilidad de Daniel como pianista era evidente mientras sus dedos se movían con gracia arriba y abajo del teclado. Con cada nota, sentía como si estuviera tocando junto a él. Y las letras que había escrito impactaron tanto porque provenían de un lugar de experiencia, de la verdad.

"Esta es para el amor, para las madres que están de luto." Con la pérdida de su amigo de la infancia, Emmanuel, y algunos de sus compañeros de secundaria, Daniel estaba familiarizado con la difícil situación de las madres en duelo. *"Es para ese soñador en esa clase que no está alcanzando su potencial".* Hubo muchas veces en las que el Sr. Farris, el maestro, tuvo que aceptar el hecho de que algunos de sus estudiantes nunca alcanzarían su potencial. *"Es para los creyentes cuya fe es lo único que les mantiene con vida. Es el Jardín del Edén, es para todos mis herejes".*

Habiendo sido criado en la iglesia, Daniel se encontró con muchos creyentes que parecían haber llegado al final de su cuerda, pero pudieron aferrarse a un hilo de fe.

Esta es para Inglewood, tanto en Chicago como en California. Esta es para Manchester y Crenshaw, para Rally's. Momentos felices están esparcidos por la mitad de estas tragedias. De hecho, comienzo a abrazar el cambio. Es seguro decir que el crecimiento es un proceso incómodo y que el dolor es una inversión necesaria para el progreso. Destaco que, si alguna vez te enfermas o te lastimas contra tu voluntad, es solo un examen de Dios, esta es nuestra prueba, ah sí. Esta vez va a ser diferente. Bendeciré al mundo con citas honestas en cada frase y mejoraré en cada momento como Beverly mencionó. Tiempos difíciles, pero nunca resentimiento, sigo siendo siempre implacable.

¡VAMOS!

¡Entonces, el ritmo cayó! La electricidad llenó la habitación, ¡y todos sintieron la descarga! Miré a Davion, Ron Ron y Darryl y vi la pura alegría en sus rostros. La tensión entre Ronald y yo no existía. Juntos, habíamos creado y cultivado una obra de arte increíble en D Smoke, y ambos sentimos el amor responsable de esa creación.

"¡Manténlo real, me siento como ¿Quién? ¿Quién? ¡NADIE!"

Daniel Anthony Farris siempre ha estado en una clase aparte. Desde el testarudo niño pequeño que se negaba a quedarse en la cuna, al pianista clásico en la escuela primaria, obteniendo calificaciones perfectas en la escuela secundaria, hasta graduarse con honores de UCLA, su vida entera fue milagrosa. Desde el día en que nació de una madre adicta a la cocaína, solo horas después de haberse drogado, hasta este momento, estaba claro que la mano de Dios estaba sobre este joven. Todavía está sobre toda la familia Gouché-Farris.

Betty Jackson y Bartee Mitchell Smith fueron bendecidos con el don de la música y se intensificó en su hija y mi madre, Betty Gouché. No lo pedimos, ni hicimos nada para merecerlo, pero ese mismo don continuó fluyendo a través de mí, de mis hermanos y de todos nuestros hijos.

No solo Dios nos agració con este increíble don, sino que también protegió a Ronald mientras estuvo encarcelado y lo llevó de regreso a su familia de manera segura. Fue la mano de Dios la que lo capacitó para convertirse en el increíble padre que es. Fue Dios quien mantuvo a Ron Ron alejado de la vida de pandillas o de acabar muerto o en prisión. Solo Dios me dio la gracia y la sabiduría para criar a mis hijos pequeños durante mis años como madre soltera. Me proporcionó los recursos que necesitaba para cuidar de mi familia y continuamente abrió puertas para mí en la industria. Me bendijo para trabajar con algunos de los nombres más grandes en el mundo de la música.

Fue Dios quien le dio a Davion y a Sir Darryl la capacidad increíble de cantar, escribir, producir y mezclar. Desde Ron Ron hasta Sir, todos nuestros hijos están bendecidos con una inteligencia excepcional.

Durante más de treinta y cinco años, Ronald y yo luchamos en algunas de las peores circunstancias, a menudo fallando y haciendo un desastre de las cosas. Pero tuvimos éxito en la crianza de cuatro jóvenes extraordinarios. A pesar de nuestras debilidades, les dimos a nuestros hijos todo el amor que teníamos dentro de nosotros. Los hicimos nuestra prioridad número uno, poniendo sus necesidades por encima de nuestros deseos.

En la introducción, mencioné la ley de causa y efecto y la ley de compensación. El amor, la disciplina y la enseñanza son las semillas sembradas desde el día en que nacieron mis hijos que ahora están dando el maravilloso fruto del éxito. Amar a tus hijos significa ser atento, paciente, firme, valiente, poner las necesidades de tus hijos antes que las tuyas, enseñar a tus bebés todo lo que sabes y guiarlos hacia alguien que pueda enseñarles lo que tú no sabes.

La primera vez que vi cada pequeña cara y sentí el latido acelerado bajo su suave piel de recién nacidos, mi corazón comenzó a latir con más intensidad de lo que nunca antes lo había hecho. Por primera vez en mi vida, entendí el amor. Cuando el médico colocó a esas personitas diminutas en mi regazo, los vellos de mis brazos se erizaron tanto como mi temperatura y la siguiente respiración pareció como si fuera la primera vez que hubiera respirado. La impresionante responsabilidad de crear vida me dio un verdadero sentido de propósito.

De alguna manera entendí que era mi responsabilidad ser el diseñador y arquitecto principal de esas hermosas vidas pequeñas. Cuando miro a mis hijos hoy en día, agradezco a Dios por permitirme el privilegio de Criar Reyes.

"SIR" DARRYL

RECONOCIMIENTOS

Estoy eternamente agradecida con Dios por permitirme nacer en una familia musical. Por orquestar mi camino y estar conmigo en cada paso del camino. Por colocar su mano bondadosa sobre mi vientre y proteger a mis hijos de . . . bueno, ¡de mí!

Agradezco a Ronald Farris, el padre de mis hijos y amigo para siempre. Nuestros hijos no serían los grandes hombres que son sin haberte tenido como su padre. Estuviste allí en el momento en que tomaron su primer aliento, y has estado allí desde entonces. ¡Y realmente, REALMENTE agradezco tu contribución financiera al audiolibro! ¡No podría haberlo hecho sin ti!

Agradezco a mi madre, Betty Gouche, por su amor, apoyo y orientación. Por siempre hacer espacio para mis bebés y para mí, y por mantenerme unida cuando no podía hacerlo por mí misma.

Estoy agradecida contigo, Ron Ron, por aceptarme en tu vida como tu "mamá extra" y amarme con todo tu corazón.

Agradezco a todos los que contribuyeron a este trabajo. ¡A Willa Robinson, gracias por amar este proyecto casi tanto como yo y ayudarme a darle vida!

A Sam Glaser, por las innumerables horas que pasaste grabando y editando, y editando, y editando el audiolibro. ¡Fue un trabajo de amor! Y gracias, Sam, por compartir tu perspectiva. ¡Tu aporte fue invaluable!

Por último, pero no menos importante, a mis Reyes, Davion, Daniel y Sir Darryl Farris. ¡Gracias por ser unos hombres increíbles! ¡Por siempre esforzarse por la grandeza y superar mis expectativas! Gracias por compartir sus recuerdos para ayudarme a contar NUESTRA historia. ¡Gracias por ser mi inspiración, mi razón, mi gloria, mi alegría y mi corona!

SOBRE LA AUTORA

Jackie Gouche es una madre, mentora, ministra, músico, cantante, compositora y autora. Ha viajado a seis de los siete continentes mientras cantaba detrás de algunos de los nombres más destacados de la industria musical. Estos nombres incluyen Elton John, Michael Jackson, Tina Turner, Diana Ross, Chaka Kahn, Quincy Jones, Patti LaBelle, Jill Scott, Yolanda Adams y muchos otros.

Jackie también ha escrito tres libros, incluyendo *"How Would I Know"*, su autobiografía. *"True Worshippers"*, un tratado profundo sobre el aspecto bíblico de la alabanza y adoración. En su libro más reciente, *"Raising Kings"*, Jackie comparte abiertamente su experiencia como madre de Daniel (D Smoke) Farris, Sir Darryl Farris (Inglewood Sir) y Davion Farris. Estos tres jóvenes artistas, nominados al Grammy, están arrasando en la industria musical.